MARCO POLO

Insider Tipps

■ Amtssprache Arabisch

> Worte verbinden, Worte erschließen neue Welten, Worte lassen Sie einfach mehr erleben.

Und damit Sie auch immer die richtigen finden, haben wir Ihnen die wichtigsten für Ihren Ausflug in eine fremde Kultur und Sprache zusammengestellt.

Und sollten Sie einmal sprachlos sein, dann helfen Ihnen unsere Zeigebilder unkompliziert weiter.

Wir wünschen Ihnen viel Spaß auf Ihrer Reise!

www.marcopolo.de/arabisch

ARABISCH

Wie viel kostet es?

مَاذَا يُكَلِّفُ؟

māḏa jukallif

> EINFACHE AUSSPRACHE

Keine Scheu einfach loszulegen: Für die korrekte Aussprache sorgt die einfache Lautschrift – bei sämtlichen Wörtern, Begriffen und Formulierungen.

> ZEIGEBILDER

Bilder machen die Verständigung noch leichter. Ob beim Shoppen, im Restaurant, im Hotel oder bei Fragen zum Auto: unsere Zeigebilder helfen in jedem Fall schnell weiter.

> SCHNELL NACHGESCHLAGEN

VON A–Z
Die wichtigsten Themen alphabetisch sortiert: Vom Arztbesuch bis zum Telefongespräch.

WÖRTERBUCH
Hier finden Sie die 555 wichtigsten Begriffe. Einfach praktisch!

■ DAS WICHTIGSTE AUF EINEN BLICK:
DIE STANDARDS
WIE BITTE?
ZAHLEN, MASSE, GEWICHTE
ZEITANGABEN
RICHTUNGSANGABEN .... UMSCHLAG

■ FARBEN, MUSTER, MATERIALIEN 4
■ AUSSPRACHE 5

■ REISEPLANUNG 8

■ IM GESPRÄCH 12
■ UNTERWEGS 22
■ ESSEN UND TRINKEN 38

INHALT

> SPEISEKARTE

Mit Spaß bestellen und mit Genuss essen – denn für Sie ist die Speisekarte in Landessprache ab jetzt kein Buch mit sieben Siegeln mehr.

> VOLLES PROGRAMM

Kultur oder Action, Sprach- oder Kochkurs, Tauchen oder Theaterabend: Formulierungen die dafür sorgen, dass Ihr Urlaub noch spannender wird.

> WIE DIE EINHEIMISCHEN

Insider Tipps Damit Sie als echter Insider gelten, nicht als Tourist.

BLOSS NICHT!
Hilft, Fettnäpfchen zu vermeiden.

ACHTUNG! SLANG
Einheimische noch besser verstehen!

■ EINKAUFEN	54
■ ÜBERNACHTEN	68
■ VOLLES PROGRAMM	78
■ **ACHTUNG! SLANG**	**90**
■ IMPRESSUM	103
■ VON A-Z	104
■ WÖRTERBUCH	120
■ **BLOSS NICHT!**	**136**
■ **DAS WICHTIGSTE AUF EINEN BLICK: WER, WIE, WAS? DIE WICHTIGSTEN FRAGEN**	**UMSCHLAG**

2 | 3

WORTLOS GLÜCKLICH: ZEIGEBILDER?

Farben, Muster, Materialien helfen Ihnen beim Einkaufen. Weitere Helfer für (fast) jede Gelegenheit finden Sie in diesem Sprachführer.

> www.marcopolo.de/arabisch

AUSSPRACHE

SCHRIFT UND AUSSPRACHE

Die arabische Schrift ist eine Schreibschrift und wird von rechts nach links gelesen. Im Folgenden werden Name, Schreibweisen und Aussprache der arabischen Schriftzeichen erklärt. Je nach Verbindung mit den benachbarten Buchstaben werden die Zeichen unterschiedlich geschrieben und teilweise auch anders ausgesprochen. Mit etwas Übung und Zeit kann mit der folgenden Erklärung des arabischen Alphabets die arabische Schrift gelesen werden.
Wer sich auf einfache Weise verständigen möchte, kann sich mit der Transkription begnügen, die sich an der allgemeinen Umgangssprache orientiert. Das bedeutet unter anderem vereinfachte Aussprache einiger Laute, vereinfachte Aussprache des bestimmten Artikels al im Satzinnern und vollständiger Verzicht auf die für die Hochsprache typischen vokalischen Flexionsendungen bei Nomen und Verben. Folgende Besonderheiten zur Aussprache jedoch sind für die Verständigung wichtig und sollten beachtet werden:

- ṯ wie stimmloses „th" in engl. **th**ing, ḏ wie stimmhaftes „th" in engl. **th**e.
- ʿ ist ein stimmhafter Kehllaut, klingt wie ein aus der Kehle gepresstes **a**.
- gh ist ein ungerolltes Zäpfchen-**r** wie in hochdeutsch wa**r**en.
- ā, ū, ī werden lang ausgesprochen wie in H**ah**n, H**uh**n, M**ie**te.

DAS ARABISCHE ALPHABET

Name	alleinstehend	nach rechts verbunden	in der Wortmitte	am Wortanfang	Transkription	Aussprache
alif	ا	ـا			ā	Im Wortinnern zeigt es an, dass der vorhergehende kurze Vokal **a** gedehnt ausgesprochen wird wie in K**ah**n.
bā	ب	ـب	ـبـ	بـ	b	wie in **B**ohne
tā	ت	ـت	ـتـ	تـ	t	wie in **T**eller
ṯā	ث	ـث	ـثـ	ثـ	ṯ	wie in engl. **th**ing
dschīm	ج	ـج	ـجـ	جـ	dsch	wie in engl. **J**ohn
ḥā	ح	ـح	ـحـ	حـ	ḥ	stimmloser Reibelaut, im Hals gesprochen, tiefer als das deutsche **ch**
chā	خ	ـخ	ـخـ	خـ	ch	wie in a**ch**
dāl	د	ـد			d	wie in **D**elle
ḏāl	ذ	ـذ			ḏ	wie in engl. **th**e

Name	alleinstehend	nach rechts verbunden	in der Wortmitte	am Wortanfang	Transkription	Aussprache
rā	ر	ـر			r	gerolltes Zungenspitzen-**r**
sāj	ز	ـز			s	wie in le**s**en
sīn	س	ـس	ـسـ	سـ	s	wie in rei**ß**en, la**ss**en
schīn	ش	ـش	ـشـ	شـ	sch	wie in **sch**ön
sād	ص	ـص	ـصـ	صـ	s	im Gaumen hinten, deutlich gesprochenes **s**
dād	ض	ـض	ـضـ	ضـ	d	im Gaumen hinten, deutlich gesprochenes **d**
tā	ط	ـط	ـطـ	طـ	t	im Gaumen hinten, deutlich gesprochenes **t**
ḏā	ظ	ـظ	ـظـ	ظـ	ḏ	im Gaumen hinten, deutlich gesprochenes **d**
'ain	ع	ـع	ـعـ	عـ	'	stimmhafte Entsprechung von hā, hört sich an wie ein aus der Kehle hervorgepresstes **a**
ghain	غ	ـغ	ـغـ	غـ	gh	wie ein ungerolltes Zäpfchen-**r**, zum Beispiel in wa**r**en
fā	ف	ـف	ـفـ	فـ	f	wie in **f**allen
qāf	ق	ـق	ـقـ	قـ	q	stimmloser Verschlusslaut, im Hals gesprochen; tiefer als das deutsche **k**
kāf	ك	ـك	ـكـ	كـ	k	wie in **K**ahn
lām	ل	ـل	ـلـ	لـ	l	wie in **L**uft
mīm	م	ـم	ـمـ	مـ	m	wie in **M**ut
nūn	ن	ـن	ـنـ	نـ	n	wie in **N**ase
hā	ه	ـه	ـهـ	هـ	h	wie in **H**alle
wāw	و	ـو			w	wie in engl. **w**in
					ū	wie langes **u** (wie in H**uh**n)
jā	ي	ـي	ـيـ	يـ	j	wie in **j**eder
					ī	wie langes **i**, z. B. in M**ie**te
					ā	wie langes **a**, z. B. in K**ah**n

AUSSPRACHE

DIE VOKALZEICHEN

Im Arabischen werden in der Regel die kurzen Vokale nicht geschrieben. In diesem Sprachführer werden die Vokale durch Zeichen über bzw. unter den Buchstaben angegeben (wie das im Schriftarabischen z. B. im Koran und in Gedichten üblich ist).

ْ (kein Vokal)	َ a	ُ u	ِ i
nur am Wortende:	ً an	ٌ un	ٍ in
Konsonantenverdopplung: ّ			

ABKÜRZUNGEN

adj	Adjektiv, Eigenschaftswort	pl	Mehrzahl
adv	Adverb, Umstandswort	s.	sich
äg.	ägyptisch	sing	Einzahl
f	weibliche Form	syr.	syrisch
m	männliche Form		

> EXTRABETT IN STRANDNÄHE

Ob Sie ein Traumhotel am Meer suchen oder ein Zusatzbett im Zimmer brauchen: Formulieren Sie Ihre Urlaubswünsche per E-Mail, Fax oder am Telefon – und gehen Sie entspannt auf Reisen.

BUCHUNG PER E-MAIL*

HOTEL | HOTEL | HÔTEL

Sehr geehrte Damen und Herren,

am 24. und 25. Juni benötige ich für zwei Nächte ein Einzel-/ Doppel-/Zweibettzimmer. Bitte teilen Sie mir mit, ob Sie ein Zimmer frei haben und was es pro Nacht (einschließlich Frühstück) kostet.

Mit freundlichen Grüßen

* Bei den beiden E-Mail-Mustern wurde eine englische/französische Übersetzung gewählt. Damit Sie auch mit Ihrer Tastatur problemlos von zu Hause buchen können. In der Tourismusbranche sind diese beiden Sprachen relativ weit verbreitet.

REISE PLANUNG

Dear Sir or Madam,

I would like to book a single/double/twin-bedded room for 2 nights on the 24 and 25 June. Please let me know if you have any vacancies and the total cost per night (plus breakfast).

Yours faithfully,

Madame, Monsieur,

Je voudrais réserver une chambre simple/double/twin pour 2 nuits du 24 au 25 juin. Je vous serais reconnaissant/e de me confirmer cette réservation et de me donner le prix pour une nuit, petit-déjeuner inclus. Je vous remercie d'avance.

Meilleures salutations

MIETWAGEN | CAR RENTAL | VOITURE DE LOCATION

Sehr geehrte Damen und Herren,

für den Zeitraum vom 20.–25. Juli möchte ich ab Flughafen ... einen Kleinwagen/Mittelklassewagen/eine 7-sitzige Großraumlimousine mieten. Ich fliege von ... ab und ich möchte deshalb dort den Leihwagen abgeben. Bitte teilen Sie mir Ihre Tarife mit und welche Unterlagen ich benötige.

Mit freundlichen Grüßen

Dear Sir/Madam,

I would like to hire a small/mid-range/7-seater people carrier from July 20 – 25 from … I depart from … so wish to leave the car there. Please inform me of your rates and what documents I shall require.

Yours faithfully,

Madame, Monsieur,

Je voudrais louer une petite voiture/voiture de classe moyenne/un monospace (pour 7 personnes) du 20 au 25 juillet à l'aéroport de … Je souhaite rendre la voiture à …, puisque je repartirai de là-bas. Pourriez-vous m'informer de vos tarifs et me dire quels papiers il me faudra produire?

Meilleures salutations

FRAGEN ZUR UNTERKUNFT

Ich habe vor, meinen Urlaub in ... zu verbringen. Können Sie mir bitte Informationen über Unterkünfte in der Gegend geben?

I am planning to spend my holiday in … . Can you give me details of accommodation in the area?

J'ai l'intention de passer mes vacances dans votre région. Pourriez-vous me donner des renseignements sur les possibilités de logement?

HOTEL – PENSION –ZIMMER | HOTEL – GUEST HOUSE – ROOMS HÔTEL – PENSION – CHAMBRE

Ich suche ein Hotel, jedoch nicht zu teuer – etwas in der mittleren Preislage.

I'd like to stay in a hotel, but nothing too expensive – something in the mid-price range.

Je cherche un hôtel pas trop cher – quelque chose dans des prix moyens.

Können Sie mir ein schönes Zimmer mit Frühstück empfehlen?	Can you recommed a good bed-and-breakfast?	Vous savez où je pourrais trouver une belle chambre d'hôte, petit-déjouner inclus?
Hat diese Unterkunft eine Internet- oder E-Mail-Adresse?	Does this accomodation have an Internet or e-mail address?	Est-ce qu'on peut trouver cette location dans Internet?
Wie viel kostet das pro Woche/pro Tag?	How much does that cost per week/per day?	Quel est le prix pur une semaine/pur un jour?
Ist es zentral/ruhig/in Strandnähe gelegen?	Is it central/quiet/near the beach?	Est-ce que c'est central/calme/près de la plage?
Ich suche ein Hotel mit Wellnessbereich/Swimmingpool/Golfplatz/Tennisplätzen.	I'd like to stay in a hotel with a spa/a swimming pool/a golf course/tennis courts.	Je cherche un hôtel avec espace de remise en forme/piscine/golf/court de tennis.
Ist es möglich, ein weiteres Bett in einem der Zimmer aufzustellen?	Is it possible to put an extra bed in one of the rooms?	Est-ce qu'on peut rajouter un lit dans la chambre?

FERIENHÄUSER/FERIENWOHNUNGEN | HOLIDAY HOMES/HOLIDAY APARTMENTS | MAISONS/APPARTEMENTS DES VACANCES

Ich suche eine Ferienwohnung oder einen Bungalow.	I'm looking for a self-catering flat or bungalow.	Je cherche une location pour les vacances: un appartement ou un bungalow.
Für wie viele Leute soll es sein?	How many people does it sleep?	Pour combien de personnes?
Wie viel muss ich anzahlen und wann ist die Anzahlung fällig?	How much deposit do you require and how long in advance?	Combien d'arrhes faut-il verser et jusqu'à quelle date?
Wo und wann kann ich die Schlüssel abholen?	Where and when should I pick up the keys?	Où et quand puis-je venir chercher les clés?

CAMPING | CAMPING | CAMPING

Ich suche einen kleinen Campingplatz in ...	I'm looking for a smallish campsite in ...	Je cherche un beau terrain de camping.
Können Sie mir irgend etwas empfehlen?	Do you have anywhere you can recommend?	Pourriez-vous me recommander quelque chose?

Übernachtung: Seite 68 ff.

> MEHR ERLEBEN

Nur keine Scheu! Der Smalltalk im Café oder beim Clubben, die Plauderei beim Einkauf – reden Sie drauflos, es ist einfacher als Sie denken! Und macht die Reise erst so richtig spannend.

BEGRÜSSUNG | tahījja | تَحِيَّة

Guten Tag!	as-salāmu 'alaikum!	السَّلامُ عَلَيْكُمْ!
Guten Abend!	masā l-chair!	مَسَاءَ الْخَيْرِ!
Hallo!/Grüß dich!	marhaba!	مَرْحَباً!

MEIN NAME IST ... | ismī ... | إِسْمِي ...

Wie ist Ihr Name, bitte?	mā ismak (f -ik) min fadlak (f -ik)?	مَا اسْمُكَ مِنْ فَضْلِكَ؟

IM GESPRÄCH

Darf ich bekannt machen?	hal tasmah (f -īn) bi-an uqqaddim lak (f -ki)?	هَلْ تَسْمَحَ أَنْ أُقَدِّمَ لَكَ ؟
Das ist ...	hāḏā (m) / hāḏihī (f) ...	هٰذَا / هٰذِهِ ...
Frau .../Herr ...	as-sajjida .../as-sajjid ...	اَلسَّيِّدَةُ .../اَلسَّيِّدُ ...
Freut mich, Sie kennen zu lernen.	jus'idnī t-ta'arruf ilaika (f -ki).	يُسْعِدُنِي التَّعَرُّفُ إِلَيْكَ.
Wie geht es Ihnen/dir?	kaif hālak (m) / kaif hālik (f)?	كَيْفَ حَالُكَ ؟ / كَيْفَ حَالُكِ ؟
Danke. Und Ihnen/dir?	schukran, wa kaif hālak anta (m)?/ hālik anti (f)?	شُكْرًا، وَكَيْفَ حَالُكَ أَنْتَ ؟ / حَالُكِ أَنْتِ ؟

AUF WIEDERSEHEN! | ilā l-liqā/ma'a s-salāma | إلَى اللِّقَاء/مَعَ السَّلاَمَةِ!

Tschüss!	salām!	سَلاَمٌ!
Bis später!	ilā l-liqā fīmā ba'd!	إلَى اللِّقَاءِ فِيمَا بَعْدُ!
Gute Nacht!	tusbih (f -īn) 'alā chair!	تُصْبِحْ عَلَى خَيْرٍ!
Bis morgen!	ilā l-ghad!	إلَى الْغَدِ!
Bis bald!	ilā l-liqā qarīban!	إلَى اللِّقَاءِ قَرِيبًا!

BITTE | 'afwan | عَفْوًا

Darf ich Sie/dich um einen Gefallen bitten?	hal astatī' an atlub minak (f -ik) ma'rūf?	هَلْ أَسْتَطِيعُ أَنْ أَطْلُبَ مِنْكَ مَعْرُوفًا؟
Können Sie mir bitte helfen?	hal tastatī' (f -īn) musā'adatī?	هَلْ تَسْتَطِيعُ مُسَاعَدَتِي؟
Gestatten Sie?	hal tasmah (f -īn) lī?	هَلْ تَسْمَحُ لِي؟
Bitte sehr./Gern geschehen.	'afwan/bi-kull surūr.	عَفْوًا/بِكُلِّ سُرُورٍ.
Mit Vergnügen!	bi-kull surūr!	بِكُلِّ سُرُورٍ!

DANKE! | schukran | شُكْرًا

Vielen Dank!	schukran dschasīlan!	شُكْرًا جَزِيلاً
Nein, danke.	kallā, wa schukran.	كَلاَّ، وَشُكْرًا.
Danke, gleichfalls.	schukran, ardschū lak (f lik) isch-schai nafshu.	شُكْرًا، أَرْجُو لَكَ الشَّيءَ نَفْسَهُ.
Das ist nett, danke.	hāḏā lutf minak (f -ik), schukran.	هَذَا لُطْفٌ مِنْكَ، شُكْرًا.
Vielen Dank für Ihre Hilfe.	schukran dschasīlān li-musā'adatak (f -ik).	شُكْرًا جَزِيلاً لِمُسَاعَدَتِكَ.

ENTSCHULDIGUNG! | 'afwan/'uḏran | عَفْوًا/عُذْرًا!

Das tut mir leid.	jusifnī hāḏā.	يُؤْسِفُنِي هَذَا.
Schade!	jā la-l-chasāra!	يَا لَلْخَسَارَةِ!

IM GESPRÄCH

ALLES GUTE! | ma' atjab il-umnijāt | مَعَ أَطيَبِ الأُمنِياتِ!

Herzlichen Glückwunsch!	alf mabrūk!	أَلْفُ مَبْرُوكٍ!
Alles Gute zum Geburtstag!	'īd mīlād sa'īd!	عِيدُ مِيلاَدٍ سَعِيدٍ!
Viel Erfolg!	atamannā lak (f lik) nadschāh bāhir!	أَتَمَنَّى لَكَ نَجَاحًا بَاهِرًا!
Viel Glück!	atamannā lak (f lik) hadd sa'īd!	أَتَمَنَّى لَكَ حَظًّا سَعِيدًا!
Gute Besserung!	atamannā lak (f lik) schifā 'ādschil!	أَتَمَنَّى لَكَ شِفَاءً عَاجِلاً!

SMALLTALK | muhādaṯa saghīra | مُحَادَثَةٌ صَغِيرَةٌ

Wie alt sind Sie/bist du?	kam 'umruk?	كَمْ عُمْرُكَ ؟
Ich bin 24.	arba' wa 'ischrun.	أَرْبَعٌ وَ عِشْرُونَ.
Was machen Sie/machst du beruflich?	mā hija mihnatuk?	مَا هِيَ مِهْنَتُكَ ؟
Ich arbeite bei ...	anā a'mal fī ...	أَنَا أَعْمَلُ في...
Ich gehe noch zur Schule.	mā asāl tilmīḏ.	مَا أَزَالُ تِلْمِيذًا.
Ich bin Student/in.	anā tālib/anā tāliba.	أَنَا طَالِبٌ/أَنَا طَالِبَةٌ.
Sind Sie/Bist du schon lange hier?	hal anta / anti munḏu mudda tawīla hunā?	هَلْ أَنتَ / أَنتِ مُنذُ مُدَّةٍ طَويلَةٍ هُنا ؟
Wie lange bleibst du?	kam satuqīm (m)/satuqīmī (f) hunā?	كَمْ سَتُقِيم/سَتُقِيمي هُنَا ؟

WIE DIE EINHEIMISCHEN

Insider Tipp

Begrüßung

Man(n) gibt sich zur Begrüßung die Hand. Dazu werden, wenn man sich gut kennt, auch die Wangen geküsst. Nachdem man sich die Hand gegeben hat, führen viele Männer ihre Hand an die eigene Brust, etwa in Höhe des Herzens. Manchmal wird die Hand auch zuerst an die Stirn geführt. Dies soll Freundschaft oder Verbundenheit signalisieren, mit Herz und Verstand. Viele Frauen, besonders aus islamisch-traditionellem Hintergrund, geben nur Frauen die Hand. Männer sollten also höflicherweise eine Frau nur dann per Handschlag begrüßen, wenn diese ihre Hand entgegenstreckt. Übrigens: Geben Sie zum Gruß nie die linke Hand – das gilt als Beleidigung!

Woher kommen Sie/kommst du?	min ain anta (m) / anti (f)?	مِنْ أَيْنَ أَنْتَ ؟ / أَنْتِ ؟
Ich bin aus ...	anā min ...	أَنَا مِنْ ...

VERABREDUNG | mawā'īd | مَوَاعِيدُ

Hast du für morgen etwas vor?	hal anta (f -i) murtabit (f -a) bi-schai ghadan	هَلْ أَنْتَ مُرْتَبِطٌ بِشَيْءٍ غَدًا ؟
Kannst du mich führen ...	hal mumkin an tachuḏnī (f -ḏīnī) ilā ...	هَلْ يُمْكِنُكَ أَنْ تَأْخُذَنِي إِلَى ...
zum Goldmarkt?	sūq iḏ-ḏahab?	سُوقِ الذَّهَبِ ؟
zum Kamelrennen?	sibāq il-ibil?	سِبَاقِ الإِبِلِ ؟
zu einer volkstümlichen Veranstaltung?	hafla scha'bīja?	حَفْلَةٍ شَعْبِيَّةٍ ؟
zu einer arabischen Hochzeitsfeier?	'urs 'arabī?	عُرْسٍ عَرَبِيٍّ ؟
zu einer Tour in die Wüste?	dschaula fī s-sahrā?	جَوْلَةٍ فِي الصَّحْرَاءِ ؟
zu einem Rundgang in der Altstadt?	dschaula fī l-madīna l-qadīma?	جَوْلَةٍ فِي الْمَدِينَةِ الْقَدِيمَةِ ؟
Wollen wir heute Abend miteinander ausgehen?	hal turīd (f -īn) an nachrudsch ma'an masā al-jaum?	هَلْ تُرِيدُ أَنْ نَخْرُجَ مَعًا مَسَاءَ الْيَوْمِ ؟
Darf ich Sie/dich zum Essen einladen?	hal tasmah (f -īn) lī bi-da'watak (f -ik) ilā t-ta'ām?	هَلْ تَسْمَحُ لِي بِدَعْوَتِكَ إِلَى الطَّعَامِ ؟
Wann treffen wir uns?	matā naltaqī?	مَتَى نَلْتَقِي ؟
Hast du einen Freund/eine Freundin?	hal ladaika (f -ki) sadīq/sadīqa?	هَلْ لَدَيْكَ صَدِيقٌ/صَدِيقَةٌ ؟
Bist du verheiratet?	hal anta (f anti) mutasawwidsch (f -a)?	هَلْ أَنْتَ مُتَزَوِّجٌ ؟
Es würde mich freuen, deine Familie kennen zu lernen.	jus'idnī lau ta'arraftu bi-'āilatak (f -ik)?	يُسْعِدُنِي لَوْ تَعَرَّفْتُ بِعَائِلَتِكَ ؟
Ich hoffe, dass wir uns bald wieder sehen.	āmul an naltaqī marra uchrā qarīban.	آمُلُ أَنْ نَلْتَقِي مَرَّةً أُخْرَى قَرِيبًا.
Jetzt reicht's!	kafā	كَفَى !
Lassen Sie mich bitte in Ruhe!	utruknī wa schanī min fadlak	أُتْرُكْنِي وَشَأْنِي مِنْ فَضْلِكَ!

ZEIT

Zeitangaben: Umschlagklappe

UHRZEIT | as-sā'a | آلسَّاعَةُ

Können Sie mir bitte sagen, wie spät es ist?	achbirnī (f achbirīnī) min fadlak (f -ik): kam is-sā'a?	أَخْبِرْنِي مِنْ فَضْلِكَ: كَمِ السَّاعَةُ؟

Um wie viel Uhr?/Wann? fī ajja sā'a/matā? في أَيَّةِ سَاعَةٍ؟/مَتَى؟

Um 1 Uhr.	as-sā'a l-wāhida.	اَلسَّاعَةَ الْوَاحِدَةَ.
In einer Stunde.	ba'd sā'a.	بَعْدَ سَاعَةٍ.
Zwischen 3 und 4.	bain is-sā'a it-ṯāliṯa wa ir-rābi'a.	بَيْنَ السَّاعَةِ الثَّالِثَةِ و الرَّابِعَةِ.

Wie lange? kam il-mudda? كَمِ الْمُدَّةُ؟

Zwei Stunden (lang).	sā'atain.	سَاعَتَيْنِ.
Bis 5 Uhr.	hattā l-chāmisa.	حَتَّى الْخَامِسَةِ.

WIE DIE EINHEIMISCHEN

Insider Tipps

Tabu

Sich küssen in der Öffentlichkeit sollte man am Besten bleiben lassen. Insgesamt wird Körperkontakt zwischen verschiedengeschlechtlichen Personen in der Öffentlichkeit nicht gern gesehen. Dagegen sieht man häufig Männer miteinander Hand in Hand gehen. Das sind keine homosexuellen Paare, sondern einfach gute Freunde.

Zeigt nicht her eure Füße

Beine überschlagen wird als unhöflich empfunden. Zu Gast bei einer traditionell lebenden Familie sitzt man im „Salon", dem Empfangszimmer, meist auf Matten und Kissen auf dem Boden (im Schneidersitz oder ins Kissen gelümmelt – einfach dem Gastgeber abschauen). Hier sollte man es unbedingt vermeiden, dem Gastgeber die Fußsohlen entgegen zu strecken. Auch in moderneren Haushalten, wo man auf Sesseln oder Stühlen sitzt, spielen die Beine eine Rolle: Neben dem Übereinanderschlagen der Beine wird auch das Massieren des Knöchels nicht gern gesehen. Diese Tabus sind hygienisch zu begründen. Die Füße und Schuhe bringen den Schmutz der Straße ins Haus und gelten daher (im übertragenen Sinne) als schmutzig.

Seit wann? mundu matā? مُنْذُ مَتَى؟

Seit 8 Uhr morgens.	mundu t-tāmina sabāhan.	مُنْذُ الثَّامِنَةِ صَبَاحًا.
Seit einer halben Stunde.	mundu nisf sā'a.	مُنْذُ نِصْفِ سَاعَةٍ.

SONSTIGE ZEITANGABEN | auqāt uchrā | أَوْقَاتٌ أُخْرَى

morgens	sabāhan	صَبَاحًا
vormittags	qabl id-duhr	قَبْلَ الظُّهْرِ
mittags	duhran	ظُهْرًا
nachmittags	'asran	عَصْرًا
abends	masāan	مَسَاءً
nachts	lailan	لَيْلاً
vorgestern	amsi il-auwal	أَمْسِ الأَوَّلَ
gestern	ams/al-bāriha	أَمْسِ/اَلْبَارِحَة
kürzlich	muachcharan	مؤخَراً
heute	al-jaum	اَلْيَوْمَ
jetzt	al-ān	الآن
gegen Mittag	haula id-duhur	حول الظُّهرِ
morgen	ghadan	غَدًا
übermorgen	ba'd ghad	بَعْدَ غَدٍ
diese Woche	fī hādā l-usbū'	فِي هَذَا الأُسْبُوعِ
am Wochenende	fī nihājat il-usbū'	فِي نِهَايَةِ الأُسبُوعِ
am Sonntag	jaum il-ahad	يومَ الأَحَدِ
nächstes Jahr	as-sana l-qādima	اَلسَّنَةَ الْقَادِمَة
manchmal	ahjānan	أَحيَاناً
stündlich	kull sā'a	كُلَّ سَاعَةٍ
täglich	jaumījan	يَوْمِيًّا
jeden Tag	kull jaum	كُلَّ يَوْمٍ
bald	qarīban	قَرِيبًا

IM GESPRÄCH

DATUM | at-tārīch | اَلتَّارِيخُ

Den Wievielten haben wir heute?	kam tārīch il-jaum?	كَمْ تَارِيخُ الْيَوْمِ؟
Heute ist der 1. Mai.	al-jaum huwa auwal ajjār/mājū.	اَلْيَوْمُ هُوَ أَوَّلُ أَيَّارْ/مَايُو.

WOCHENTAGE | aijām il-usbū' | أَيَّامُ الأُسْبُوعِ

Montag	jaum il-iṯnain	يَوْمُ الاِثْنَيْنِ
Dienstag	jaum iṯ-ṯulāṯā	يَوْمُ الثُّلاَثَاءِ
Mittwoch	jaum il-arbi'ā	يَوْمُ الأَرْبِعَاءِ
Donnerstag	jaum il-chamīs	يَوْمُ الْخَمِيسِ
Freitag	jaum il-dschum'a	يَوْمُ الْجُمْعَةِ
Samstag	jaum is-sabt	يَوْمُ السَّبْتِ
Sonntag	jaum il-ahad	يَوْمُ الأَحَدِ

MONATE | al-aschhur | اَلأَشْهُرُ

Januar	janājir/kānūn iṯ-ṯānī	يَنَايِرْ/كَانُونْ الثَّانِي
Februar	fibrājir/schubāt	فِبْرَايِرْ/شُبَاطْ
März	māris/āḏār	مَارِسْ/آذَارْ
April	abrīl/nīsān	أَبْرِيلْ/نِيسَانْ
Mai	mājū/ajjār	مَايُو/أَيَّارْ

WIE DIE EINHEIMISCHEN

Insider Tipp

Inschallā

(إِنْ شَاءَ الله) ist eine häufig benutzte Redewendung in islamischen Ländern und bedeutet „wenn Gott will". Sagt man etwa, morgen werde man dies oder jenes tun, so fügt man meist inschallā hinzu. Die Redewendung darf manchmal auch so verstanden werden, dass etwas nicht ganz sicher ist. Allerdings sollte man Späße über diese Wendung oder eine ironische Anwendung tunlichst vermeiden ... das stößt auf wenig Gegenliebe.

Juni	jūnjū/husairān	يُونْيُو /حُزَيْرَانْ
Juli	jūljū/tammūs	يُولْيُو /تَمُّوزْ
August	aghustus/āb	أَغُسْطُسْ /آبْ
September	sibtambar/ailūl	سِبْتَمْبَرْ /أَيْلُولْ
Oktober	uktūbar/tischrīn il-awwal	أَكْتُوبَرْ /تِشْرِينْ الأَوَّلْ
November	nūfambar/tischrīn iṯ-ṯānī	نُوفَمْبَرْ /تِشْرِينْ الثَّاني
Dezember	dīsambar/kānūn il-auwal	دِيسَمْبَرْ /كَانُونْ الأَوَّلْ

JAHRESZEITEN | al-fusūl | اَلْفُصُولُ

Frühling	ar-rabī'	اَلرَّبِيعُ
Sommer	as-saif	اَلصَّيْفُ
Herbst	al-charīf	اَلْخَرِيفُ
Winter	asch-schitā	اَلشِّتَاءُ

FEIERTAGE | al-a'jād | اَلأَعْيَادُ

Neujahr	ras is-sana	رَأْسُ السَّنَةِ
Ostern	'īd il-fish	عِيدُ الْفِصْحِ
Weihnachten	'īd il-mīlād	عِيدُ الْمِيلاَدِ
Fest des Fastenbrechens	'īd il-fitr	عِيدُ الْفِطْرِ
Opferfest	'īd il-adhā	عِيدُ الأَضْحَى
Geburtsfest des Propheten	al-maulid in-nabawī	اَلْمَوْلِدُ النَّبَوِيُّ
Trauertag der Schiiten	'āschūrā	عَاشُورَاءُ

WETTER

Wie wird das Wetter heute?	kaif sa-jakūn it-taqs il-jaum?	كَيْفَ سَيَكُونُ الطَّقْسُ الْيَوْمَ ؟
Es bleibt schön/schlecht.	jabqā t-taqs dschamīl/sajj.	يَبْقَى الطَّقْسُ جَمِيلاً/سَيِّئًا.
Es wird wärmer/kälter.	sa-tasdād daradschat il-harāra/ il-burūda.	سَتَزْدَادُ دَرَجَةُ الْحَرَارَةِ/الْبُرُودَةِ.
Es soll regnen.	sa-tumtir.	سَتُمْطِرُ.

IM GESPRÄCH

Wie viel Grad haben wir heute?	kam daradschat il-harāra l-jaum?	كَمْ دَرَجَةُ الْحَرَارَةِ الْيَوْمَ؟
Es ist 20 Grad Celsius.	ʿischrūn daradscha.	عِشْرُونَ دَرَجَةً.
Blitz	barq	بَرْقٌ
Donner	raʿd	رَعْدٌ
Ebbe	dschasr	جَزْرٌ
Flut	fajadān/madd	فَيَضَانٌ/مَدٌّ
heiß	hārr	حَارٌّ
Hitze	harāra schadīda	حَرَارَةٌ شَدِيدَةٌ
kalt	bārid	بَارِدٌ
Regen	matar	مَطَرٌ
Schnee	t̲aldsch	ثَلْجٌ
Sonne	schams	شَمْسٌ
Temperatur	daradschat il-harāra	دَرَجَةُ الْحَرَارَةِ
trocken	dschāff	جَافٌّ
warm	dāfi	دَافِئٌ
Wind	rijāh	رِيَاحٌ
Wolke	ghaima/sahāba	غَيْمَةٌ/سَحَابَةٌ

WIE DIE EINHEIMISCHEN

Insider Tipp

Ramadan

Der Ramadan, der neunte Monat des islamischen Mondjahres, ist der Fastenmonat. 28 Tage lang darf tagsüber weder gegessen, getrunken noch geraucht werden. Das Fasten wird nur dann unterbrochen, wenn man einen weißen von einem schwarzen Faden nicht mehr unterscheiden kann. Am ersten des folgenden Mondmonats, Schawwal, beginnt das Fest des Fastenbrechens (ʿid il-fitr), das drei Tage dauert und traditionell besonders in den Familien gefeiert wird. Da Beginn und Ende des Ramadan von der Sichtung des Mondes durch islamische Rechtsgelehrte abhängt, können die Daten auch von Land zu Land variieren. Das große Opferfest (ʿid il-adha oder ʿid il-kabīr) folgt ca. 2 Monate nach dem Fest des Fastenbrechens. Dies ist auch die Zeit der Pilgerfahrt nach Mekka.

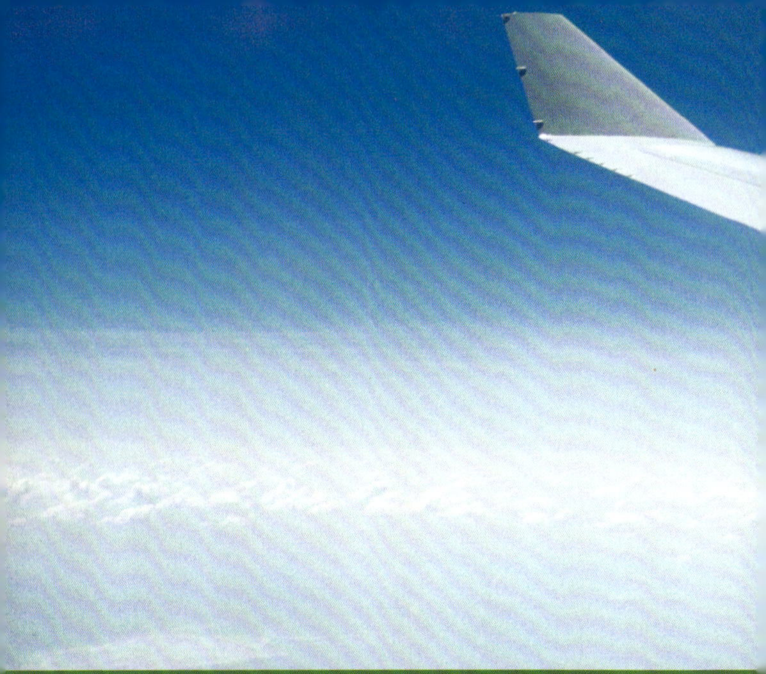

> WO GEHT ES NACH ...?

Wenn Sie sich verirrt oder verfahren haben oder einfach nicht mehr weiter wissen: Fragen Sie! Dieses Kapitel hilft Ihnen dabei.

WO GEHT'S LANG?

Bitte, wo ist ...?	min fadlak (f -ik), ain ...?	مِنْ فَضْلِك، أَيْنَ ...؟
Welches ist der kürzeste Weg nach/zu ...?	mā huwa aqsar tarīq ilā ...?	مَا هُوَ أَقْصَرُ طَرِيقٍ إِلَى ...؟
Wie weit ist das?	kam il-masāfa?	كَمِ الْمَسَافَةُ؟
Gehen Sie ...	iḏhab (f iḏhabī) ...	اِذْهَبْ ...
geradeaus/nach links/nach rechts.	ilā l-amām/ilā sch-schimāl/ ilā l-jamīn.	إِلَى الأَمَامِ/ إِلَى الشِّمَالِ/ إِلَى الْيَمِينِ.

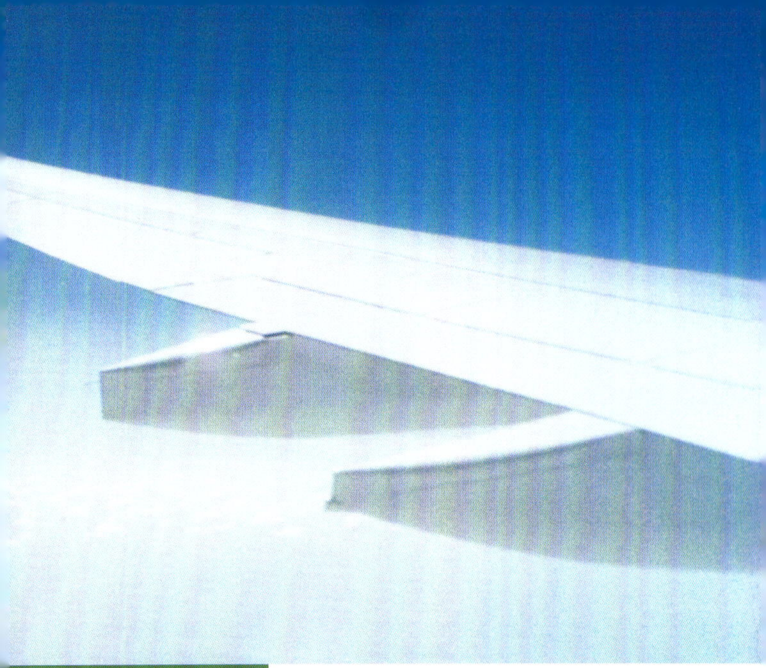

UNTER WEGS

Erste/Zweite Straße	auwal/ṯānī schāri'	أَوَّلُ/ثَانِي شَارِعٍ
links/rechts.	ilā sch-schimāl/ilā l-jamīn.	إِلَى الشِّمَالِ/إِلَى الْيَمِينِ.
Überqueren Sie ...	u'bur (f u'burī) ...	أُعْبُرْ ...
die Brücke.	al-dschisr/al-kubrī (äg.).	الْجِسْرَ/الْكُبْرِي.
den Platz.	as-sāha/al-maidān.	السَّاحَةَ/الْمَيْدَانَ.
die Straße.	asch-schāri'.	الشَّارِعَ.
Sie können den Bus Nr. ... nehmen.	tastatī' rukūb il-ūtūbīs raqm ...	تَسْتَطِيعُ رُكُوبَ الأُوتُوبِيسِ رَقْمِ ...

AN DER GRENZE

ZOLL/PASSKONTROLLE | dschumruk / murāqabat dschawāsāt is-safar
جُمْرُكٌ / مُرَاقَبَةُ جَوَازَاتِ السَّفَرِ

Ihren Pass, bitte.	dschawās safarak (f -ik), min fadlak (f -ik).	جَوَازَ سَفَرِك، مِنْ فَضْلِكَ.
Haben Sie ein Visum?	hal ladaik (f ladaiki) taschīrā?	هَلْ لَدَيْكَ تَأْشِيرَةٌ ؟
Haben Sie etwas zu verzollen?	hal ladaik (f ladaiki) schai chādi' li-r-rusūm il-dschumrukīja?	هَلْ لَدَيْكَ شَيْءٌ خَاضِعٌ لِلرُّسُومِ الْجُمْرُكِيَّةِ ؟
Nein, ich habe nur ein paar Geschenke.	kallā, laisa ladajj siwā ba'd l-hadājā.	كَلَّا ، لَيْسَ لَدَيَّ سِوى بَعْض الْهَدَايَا .

Ausreise	safar/mughādara	سَفَرٌ /مُغَادَرَةٌ
Einreise	duchūl	دُخُولٌ
Familienname	ism il-'āila	اِسْمُ الْعَائِلَةِ
Familienstand	al-wad' il-'āilī	اَلْوَضْعُ الْعَائِلِيُّ
ledig	a'sab (m) / 'asbā (f)	أَعْزَبُ / عَزْبَاءُ
verheiratet	mutasauwidsch (m) / mutasauwidscha (f)	مُتَزَوِّجٌ / مُتَزَوِّجَةٌ
Führerschein	ruchsat il-qijāda	رُخْصَةُ الْقِيَادَةِ
Geburtsdatum	tārīch il-wilāda	تَارِيخُ الْوِلَادَةِ
Geburtsname	ism il-mara qabl is-sawādsch	اِسْمُ الْمَرْأَةِ قَبْلَ الزَّوَاجِ
Geburtsort	mahall il-wilāda	مَحَلُّ الْوِلَادَةِ
Personalausweis	bitāqa schachsīja/huwīja	بِطَاقَةٌ شَخْصِيَّةٌ/هُوِيَّةٌ
Reisepass	dschawās safar	جَوَازُ سَفَرٍ
Staatsangehörigkeit	dschinsīja	جِنْسِيَّةٌ
Visum	taschīra	تَأْشِيرَةٌ
Vorname	al-ism	اَلِاسْمُ
Wohnort	mahall il-iqāma	مَحَلُّ الإقَامَةِ
Zoll	dschumruk	جُمْرُكٌ
zollfrei	mu'fa min r-rusūm	مُعْفًى مَنَ الرُّسُومِ
zollpflichtig	chādi' li-r-rusūm	خَاضِعٌ لِلرُّسُومِ

... MIT DEM AUTO/MOTORRAD/ FAHRRAD

WIE KOMME ICH NACH ...? | 'afwan, hal turschidunī ilā it-tarīq ilā ...? عَفواً، هَلْ تُرشِدُنِي إلى الطَّرِيقِ إِلى...؟

Wie weit ist das?	kam il-masāfa?	كَم الْمَسافَةُ؟
Immer geradeaus bis ...	tābi' ilā l-amām hattā ...	تابِعْ إِلَى الأَمامِ حَتَّى...
Dann ...	tumma ...	ثُمَّ...
bei der Ampel ...	'ind ischārat il-murūr id-dauīja ...	عِنْدَ إِشارَةِ الْمُرورِ الضَّوئِيَّةِ ...
an der Ecke ...	fī s-sāwīja ...	فِي الزَّاوِيَةِ ...
links/rechts abbiegen.	in'atif schimālān/jamīnan.	اِنْعَطِفْ شِمالاً/يَمِيناً.

VOLL TANKEN, BITTE | imla l-chassān min fadlak | اِمْلَا الْخَزَّانَ مِنْ فَضْلِكَ

Wo ist bitte die nächste Tankstelle?	min fadlik, ajn tūdschad aqrab mahattat waqūd?	مِنْ فَضْلِكَ، أَيْنَ تُوجَدُ أَقْرَبُ مَحَطَّةِ وَقُودٍ؟
Ich möchte ... Liter	urīd ... litr	أُرِيدُ ... لِتْرًا

WIE DIE EINHEIMISCHEN

Insider Tipps

Vorsicht Visum!

In vielen arabischen Ländern braucht man ein Visum, um einreisen zu können. Nicht vergessen sollte man auch, dass häufig eine Ausreisesteuer verlangt wird. Also bitte nicht das ganze einheimische Geld ausgeben, bevor es zum Flughafen geht.

Nervenstark

Autofahren in Arabien ist nicht schwerer als in Italien. Dennoch empfiehlt es sich, um nicht unnötig Zeit und Nerven zu verlieren, ein Taxi vorausfahren zu lassen, wenn man die Stadt verlassen möchte oder auf dem Weg zum Hotel ist. In der Stadt lässt man das Auto am Besten stehen.

Normalbenzin.	min il-bansīn il-'ādī.	مِنَ الْبَنزِينِ الْعَادِيِّ.
Super.	min il-bansīn il-mumtās.	مِنَ الْبَنزِينِ الْمُمْتَازِ.
Diesel.	min id-dīsil.	مِنَ الدِّيزِلِ.
bleifrei.	min il-bansīn il-chālī min ir-rasās.	مِنَ الْبَنْزِينِ الْخَالِي مِنَ الرَّصَاصِ.
mit ... Oktan.	bidaradschat ... ūktān.	بِدَرَجَةِ ... أُوكْتَانْ.

PARKEN | jūqif is-sajjāra | يُوقِفُ السَّيارة

Gibt es hier in der Nähe eine Parkmöglichkeit?	hal jūdschad makān qarīb li-wuqūf is-sajjārāt?	هَلْ يُوجَدُ مَكَانٌ قَرِيبٌ لِوُقُوفِ السيَّارَاتِ؟
Kann ich das Auto hier abstellen?	hal astatī' tark is-sajjāra hunā?	هَلْ أَسْتَطِيعُ تَرْكَ السيَّارَةِ هُنَا؟

PANNE | 'utl | عُطْلٌ

Ich habe eine Panne.	ta'attalat sajjāratī.	تَعَطَّلَتْ سَيَّارَتِي.
Ich habe einen Platten.	intaqab itār sajjāratī.	اِنْثَقَبَ إِطَارُ سَيَّارَتِي.
Würden Sie bitte den Pannendienst anrufen?	hal tasmah bi-iblāgh warschat is-sijāna?	هَلْ تَسْمَحُ بِإِبْلَاغِ وَرْشَةِ الصِّيَانَةِ؟
Könnten Sie mir mit Benzin aushelfen?	hal tastatī' musā'adatī bi-qalīl min il-bansīn?	هَلْ تَسْتَطِيعُ مُسَاعَدَتِي بِقَلِيلٍ مِنَ الْبَنْزِينِ؟
Könnten Sie mir beim Reifenwechsel helfen?	hal tastatī' musā'adatī fī taghjīr il-'adschala?	هَلْ تَسْتَطِيعُ مُسَاعَدَتِي فِي تَغْيِيرِ الْعَجَلَةِ؟
Würden Sie mein Auto bis zur nächsten Werkstatt/Tankstelle abschleppen?	hal mumkin an tashab sajjāratī ilā aqrab warscha/ilā aqrab mahattat bansīn?	هَلْ مُمْكِنٌ أَنْ تَسْحَبَ سَيَّارَتِي إِلَى أَقْرَبِ وَرْشَةٍ؟ / إِلَى أَقْرَبِ مَحَطَّةِ بَنْزِينٍ؟

WERKSTATT | warschat it-taslīh | وَرْشَةُ التَّصْلِيحِ

Wo ist hier die nächste Werkstatt?	ain tūdschad aqrab warscha?	أَيْنَ تُوجَدُ أَقْرَبُ وَرْشَةٍ؟

Mein Wagen springt nicht an.	muharrik sajjāratī lā jaschtaghil.	مُحَرِّكُ سَيَّارَتِي لاَ يَشْتَغِلُ.
Können Sie mal nachsehen?	hal tastatī' an tatafaqqadhā?	هَلْ تَسْتَطِيعُ أَنْ تَتَفَقَّدَهَا ؟
Mit dem Motor stimmt was nicht.	al-muharrik 'ātil.	الْمُحَرِّكُ عَاطِلٌ.
Die Bremsen funktionieren nicht.	al-farāmil/al-makābih (syr.) lā taschtaghil.	اَلْفَرَامِلُ/الْمَكَابِحُ لاَ تَشْتَغِلُ.
... ist defekt.	... mu'attal/charib.	... مُعَطَّلٌ/خَرِبٌ.
Der Wagen verliert Öl.	hunāk tasarrub min sait is-sajjāra.	هُنَاكَ تَسَرُّبٌ مِنْ زَيْتِ السَّيَّارَةِ.
Wechseln Sie bitte die Zündkerzen aus.	ghajjir scham'āt il-ihtirāq min fadlak.	غَيِّرْ شَمْعَاتِ الاِحْتِرَاقِ مِنْ فَضْلِكَ.
Was wird es kosten?	māḏā jukallif hāḏā?	مَاذَا يُكَلِّفُ هَذَا ؟

UNFALL | hādiṯ | حَادِث

Es ist ein Unfall passiert.	waqa'a hādiṯ.	وَقَعَ حَادِثٌ.
Rufen Sie bitte schnell ...	utlub (f utlubī) bi-sur'a min fadlak (f -ik) ...	أُطْلُبْ بِسُرْعَةٍ مِنْ فَضْلِكَ ...
einen Krankenwagen.	sajjārat is'āf.	سَيَّارَةَ إِسْعَافٍ.
die Polizei.	asch-schurta.	اَلشُّرْطَةَ.
die Feuerwehr.	markas il-itfā/il-itfāīja.	مَرْكَزَ الاِطْفَاءِ/الاِطْفَائِيَّةِ.
Sind Sie verletzt?	hal asābak makrūh?	هَلْ أَصَابَكَ مَكْرُوهٌ؟
Haben Sie Verbandszeug?	hal ladaik (f ladaiki) adawāt tadmīd?	هَلْ لَدَيْكَ أَدَوَاتُ تَضْمِيدٍ؟
Es war meine Schuld.	anā il-masūl (f -a) 'an wuqū' il-hādiṯ.	أَنَا الْمَسْؤُولُ عَنْ وُقُوعِ الْحَادِثِ.
Es war Ihre Schuld.	anta (f anti) il-masūl (f -a) 'an wuqū' il-hādiṯ.	أَنْتَ الْمَسْؤُولُ عَنْ وُقُوعِ الْحَادِثِ.
Geben Sie mir bitte Ihren Namen und Ihre Anschrift.	a'tinī (f a'tīnī) min fadlak (f -ik) ismak (f -ik) wa 'unwānak (f -ik).	أَعْطِنِي مِنْ فَضْلِكَ اسْمَكَ وَعُنْوَانَكَ.
Vielen Dank für Ihre Hilfe.	schukran dschasīlān li-musā'adatak (f -ik).	شُكْرًا جَزِيلاً لِمُسَاعَدَتِكَ.

abschleppen	sahb is-sajjāra	سَحْبُ السَّيَّارَةِ
Abschleppseil	habl is-sahb	حَبْلُ السَّحْبِ
Abschleppwagen	sajjārat is-sahb	سَيَّارَةُ السَّحْبِ
Ampel	ischārat il-murūr id-dauīja	إِشَارَةُ الْمُرُورِ الضَّوْئِيَّةُ

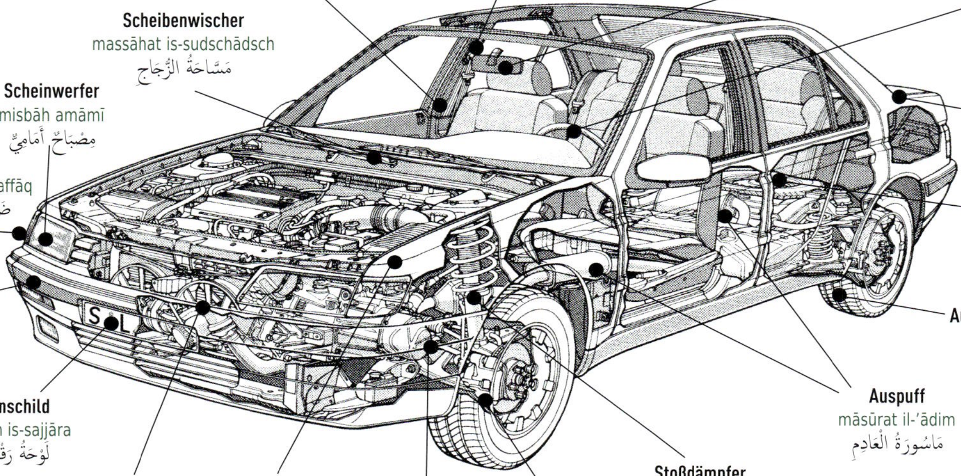
Sicherheitsgurt
hisām il-amān
حِزَامُ الأَمَانِ
Windschutzscheibe
sudschādsch is-sajjāra l-amāmī
زُجَاجُ السَّيَّارَةِ الأَمَامِيُّ
Rückspiegel
mirā
مِرْآةٌ
Lenkrad
miqwad
مِقْوَدٌ
Scheibenwischer
massāhat is-sudschādsch
مَسَّاحَةُ الزُّجَاجِ
Scheinwerfer
misbāh amāmī
مِصْبَاحٌ أَمَامِيٌّ
Kofferraum
sundūq is-sajjāra
صُنْدُوقُ السَّيَّارَةِ
Blinker
dau dschānibī chaffāq
ضَوْءٌ جَانِبِيٌّ خَفَّاقٌ
Ersatzrad
'adschala ihtijātīja
عَجَلَةٌ اِحْتِيَاطِيَّةٌ
Stoßstange
misadd
مِصَدٌّ
Autoreifen
dūlāb
دُولَابٌ
Nummernschild
lauhat raqm is-sajjāra
لَوْحَةُ رَقْمِ السَّيَّارَةِ
Auspuff
māsūrat il-'ādim
مَاسُورَةُ الْعَادِمِ
Kühler
dschihās it-tabrīd
جِهَازُ التَّبْرِيدِ
Kotflügel
rafaraf il-'adschala
رَفْرَفُ الْعَجَلَةِ
Achse
mihwar
مِحْوَرٌ
Bremse
makābih
مَكَابِحُ
Stoßdämpfer
muchaffif is-sadamāt
مُخَفِّفُ الصَّدَمَاتِ

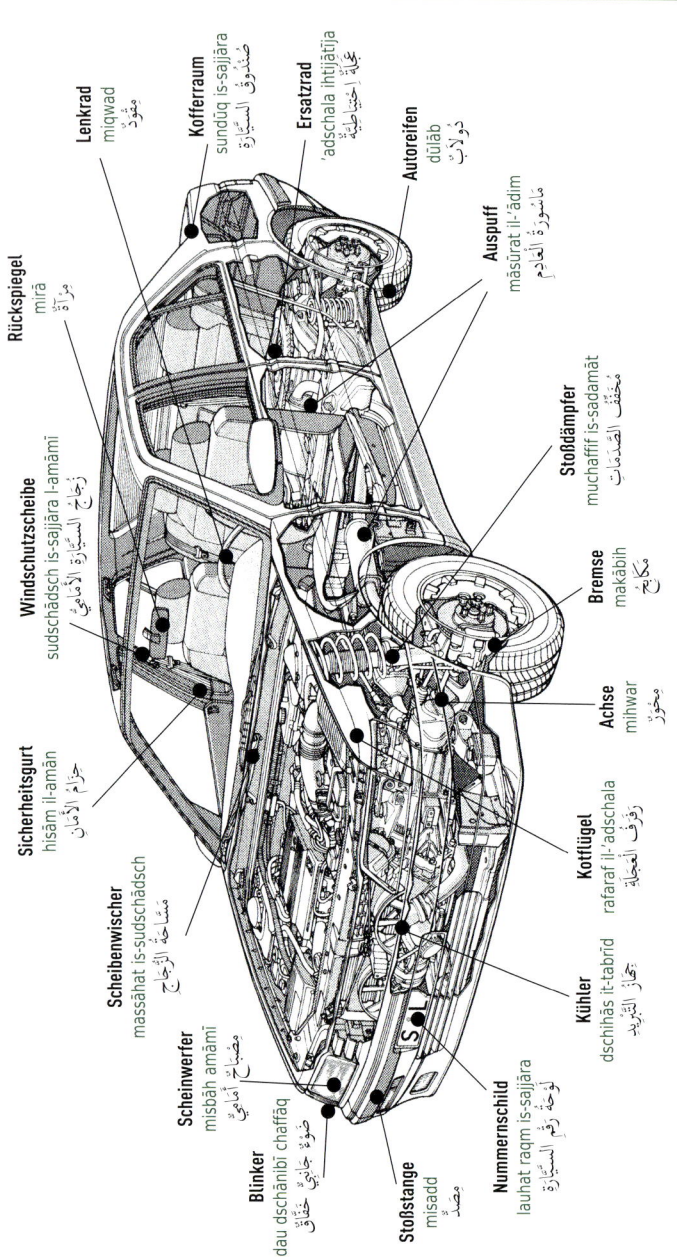

Anlasser	miftāh taschghīl il-muharrik	مِفْتَاحُ تَشْغِيلِ الْمُحَرِّكِ
Autobahn	ūtūstrād	أُوتُوسْتْرَادْ
Benzin	bansīn	بَنْزِينُ
Benzinkanister	safīhat il-bansīn	صَفِيحَةُ الْبَنْزِينِ
Bremsbelag	fahm il-farāmil/ fahm il-makābih	فَحْمُ الْفَرَامِلِ/فَحْمُ الْمَكَابِحِ
Bußgeld	gharāma	غَرَامَةٌ
Defekt	fīhi chalal	فِيهِ خَلَلٌ
Erdgas-/Elektrotankstelle	mahattat il-ghās/ mahattat il-kahrabā	مَحَطَّةُ الغَازِ / مَحَطَّةُ الكَهرَبَاءِ
Fahrrad	darrādscha	دَرَّاجَةٌ
Flickzeug	adawāt it-tarqī'	أَدَوَاتُ التَّرْقِيعِ
Führerschein	ruchsat il-qijāda	رُخْصَةُ الْقِيَادَةِ
Gang	naqil il-haraka	نَاقَلُ الْحَرَكَةِ
Gangschaltung	mubaddil is-sur'a	مُبَدِّل السُّرْعَةِ
Gaspedal	dawwāsat il-bansīn	دَوَّاسَةُ الْبَنْزِينِ
gebrochen	maksūr	مَكْسُورٌ
Getriebe	'ulbat nāqil il-haraka	عُلْبَةُ نَاقِلِ الْحَرَكَةِ
Handbremse	farmalat il-jad/mikbah il-jad	فَرْمَلَةُ الْيَدِ/مِكْبَحُ الْيَدِ
Heizung	tadfia	تَدْفِئَةٌ
Helm	chūḏa wāqija	خُوذَةٌ وَاقِيَةٌ
Hupe	ālat it-tanbīh	آلَةُ التَّنْبِيهِ
Keilriemen	sair il-muharrik	سَيْرُ الْمُحَرِّكِ
Klingel	dscharas	جَرَسٌ
Kreuzung	nuqtat it-taqātu'	نُقْطَةُ التَّقَاطُعِ
Kühlwasser	mā it-tabrīd	مَاءُ التَّبْرِيدِ
Kupplung	dschihās it-ta'schīq/klātsch/ dubrijādsch	جِهَازُ التَّعْشِيقِ/كْلَاتْشْ/دُبْرِيَاجْ
Kurzschluss	māss kahrabāī	مَاسٌّ كَهْرَبَائِيٌّ
Lastwagen	schāhina	شَاحِنَةٌ
Lichtmaschine	muwallid/dīnāmō	مُوَلِّدٌ/دِينَامُو
Motor	muharrik/mōtōr	مُحَرِّكٌ/مُوتُورْ
Motorrad	darrādscha nārīja	دَرَّاجَةٌ نَارِيَّةٌ
Notrufsäule	'amūd hātif it-tawāri	عَمُودُ هَاتِفِ الطَّوَارِئِ
Oktanzahl	al-'adad il-ūktānī	اَلْعَدَدُ الأُوكْتَانِيٌّ
Öl	sait	زَيْتٌ
Ölwechsel	taghjīr is-sait	تَغْيِيرُ الزَّيْتِ
Panne	'utl	عُطْلٌ

Pannendienst	chidmat it-tawāri li-s-sajjārāt	خِدْمَةُ الطَّوارِئِ لِلسَّيَّارَاتِ
Papiere	ruchsat is-sajjāra wa s-sāiq	رُخْصَةُ السَّيَّارَةِ وَالسَّائِقِ
Parkhaus	mauqif is-sajjārāt it-tābiqī	مَوْقِفُ السَّيَّارَاتِ الطَّابِقِيُّ
Parkplatz	mauqif is-sajjārāt	مَوْقِفُ السَّيَّارَاتِ
Promille	fī l-alf	فِي الأَلْفِ
Radarkontrolle	murāqaba ir-rādār	مُرَاقَبَةُ الرَّادَارِ
Reifenpanne	banschara	بَنْشَرَة
Schraube	mismār mulaulab	مِسْمَارٌ مُلَولَبٌ
Standlicht	misbāh il-wuqūf	مِصْبَاحُ الْوُقُوفِ
Starthilfekabel	kabl it-taschghīl	كَبْلُ التَّشْغِيلِ
Stau	ichtināq harakat il-murūr	إِخْتِنَاقُ حَرَكَةِ الْمُرُورِ
Straße	schāri'	شَارِعٌ
Straßenkarte	charītat isch-schawāri'	خَرِيطَةُ الشَّوَارِعِ
Tachometer	miqjās is-sur'a	مِقْيَاسُ السُّرْعَةِ
Tankstelle	mahattat il-bansīn	مَحَطَّةُ الْبَنْزِينِ
Tramper	musāfir il-autostop	مُسَافِرُ الأُوتُوسْتُوبْ
Umleitung	tahwīla	تَحْوِيلَةٌ
Vergaser	kārbūritar/mufahhim	كَارْبُورِتَرْ /مُفَحِّمٌ
Vollkasko	tamīn schāmil	تَأْمِينٌ شَامِلٌ
Wagenheber	rāfi'at is-sajjāra	رَافِعَةُ السَّيَّارَةِ
Warnblinker	dau t-tahdīr il-chaffāq	ضَوْءُ التَّحْذِيرِ الْخَفَّاقِ

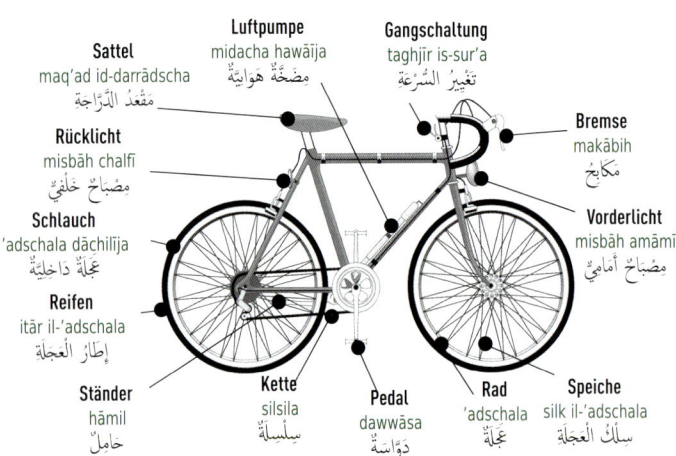

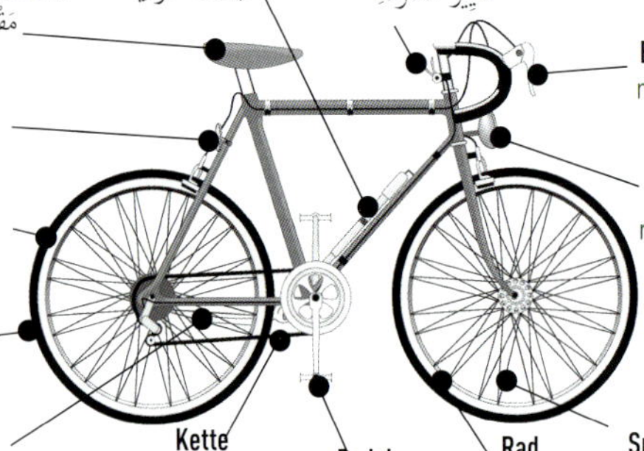

UNTERWEGS

Warndreieck	mutallat it-tahdīr	مُثَلَّث التَّحْذِير
Wegweiser	lāfitat il-murūr	لافِتَةُ الْمُرور
Werkstatt	warscha (karādsch)	وَرْشَةٌ (كَراج)
Werkzeug	'udda/adawāt (pl)	عُدَّةٌ/أَدَوَاتٌ
Zündkerze	scham'at il-ihtirāq	شَمْعَةُ الاحْتِرَاق
Zündung	al-isch'āl/at-taschghīl	الاشْعَالْ/التَّشْغِيل

AUTO-/MOTORRAD-/FAHRRADVERMIETUNG | tadschīr sajjārāt wa-darrādschāt nārīja wa'ādīja | تَأْجِيرُ سَيَّارَاتٍ وَ دَرَّاجَاتٍ نَارِيَّةٍ وَعَادِيَّةٍ

Ich möchte für zwei Tage/eine Woche ... mieten.	urīd an astadschir li-muddat jaumain/usbū' ...	أُرِيدُ أَنْ أَسْتَأْجِرَ لِمُدَّةِ يَوْمَيْنِ/ أُسْبُوع ...
ein Auto	sajjāra.	سَيَّارَةً.
einen Geländewagen	sajjārat dschīb.	سَيَّارَةَ جيبْ.
ein Motorrad	darrādscha nārīja.	دَرَّاجَةً نارِيَّةً.
ein Fahrrad	darrādscha.	دَرَّاجَةً.
Wie hoch ist die Tages-/Wochenpauschale?	kam il-udschra li-nahār kāmil/li-usbū'?	كَمِ الأُجْرَةُ لِنَهارٍ كامِلٍ/لِأُسْبُوعٍ؟
Ist das Fahrzeug vollkaskoversichert?	hal l-markaba muammana tamīn schāmil?	هَلِ المَرْكَبَةُ مُؤَمَّنَةٌ تَأْمِينًا شَامِلاً؟

... MIT DEM FLUGZEUG

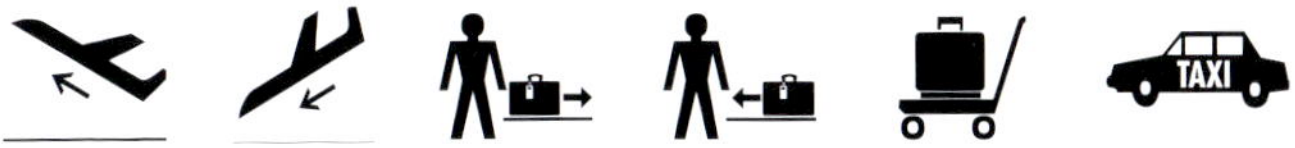

ABFLUG | iqlā' | إِقْلاعٌ

Wo ist der Schalter der ...-Fluggesellschaft?	ain maktab scharikat it-tajarān il-...?	أَيْنَ مَكْتَبُ شَرِكَةِ الطَّيَرَانِ اَلْ...؟
Wann fliegt die nächste Maschine nach ...?	matā tuqli' it-tāira t-tālija ilā ...?	مَتَى تُقْلِعُ الطَّائِرَةُ التَّالِيَةُ إِلَى...؟
Ich möchte einen einfachen Flug nach ... buchen.	urīd hadschs bitāqat dahāb ilā ...	أُرِيدُ حَجْزَ بِطاقَةِ ذَهَابٍ إِلَى ...

Ich möchte einen Hin- und Rückflug nach ... buchen.	urīd hadschs bitāqat dahāb wa ijāb ilā ...	أُرِيدُ حَجْزَ بِطَاقَةِ ذَهَابٍ وَإِيَابٍ إِلَى ...
Sind noch Plätze frei?	hal jūdschad mahallāt?	هَلْ يُوجَدُ مَحَلاَّتٌ ؟
Ich möchte den Flug stornieren/ändern.	urīd an ulghī/ughajjir il-hadschs.	أُرِيدُ أَنْ أُلْغِيَ/أُغَيِّرَ الحَجْزَ.
Gibt es für den Flug einen Vorabend-/Telefon-/ Internet-Checkin?	hal il-hadschs qabl ir-rihla b-jaum wāhid/hātifījan/bi-l-internet mumkin?	هَلْ الحَجْزِ قَبْلَ الرِّحْلَةِ بِيَوْمٍ وَاحِدٍ / هَاتِفِيّاً/ بِالإِنْتِرْنِت مُمْكِن ؟

ANKUNFT | al-wusūl | اَلْوُصُولُ

Mein Gepäck ist verloren gegangen.	dā'at haqāibī.	ضَاعَتْ حَقَائِبِيَّ.
Mein Koffer ist beschädigt worden.	tadarrarat haqībatī.	تَضَرَّرَتْ حَقِيبَتِي.

Ankunftszeit	mau'id il-wusūl	مَوْعِدُ الْوُصُولِ
Anschluss	muwāsala	مُواصَلَةٌ
Anschnallgurt	hisām il-amān	حِزَامُ الأَمَانِ
an Bord	'alā matn it-tāira	عَلَى مَتْنِ الطَّائِرَةِ
Bordkarte	bitāqat il-irkāb	بِطَاقَةُ الإِرْكَابِ
Buchung	hadschs	حَجْزٌ
einchecken	anhā idschrāāt is-safar	أَنْهَى إِجْرَاءَاتِ السَّفَرِ
Fenstersitz	maq'ad bi-dschānib in-nāfida	مَقْعَدٌ بِجَانِبِ النَّافِذَةِ
Flug	rihla dschauwīja/tajarān	رِحْلَةٌ جَوِّيَّةٌ /طَيَرَانٌ
Fluggesellschaft	scharikat it-tajarān	شَرِكَةُ الطَّيَرَانِ
Flughafenbus	ūtūbīs il-matār	أُوتُوبِيسُ الْمَطَارِ
Flughafengebühr	rusūm il-matār	رُسُومُ الْمَطَارِ
Flugplan	dschadwal mawā'īd it-tajarān	جَدْوَلُ مَوَاعِيدِ الطَّيَرَانِ
Flugschein	tadkarat tāira	تَذْكِرَةُ طَائِرَةٍ
Flugsteig	bawwāba	بَوَّابَةٌ
Flugzeug	tāira	طَائِرَةٌ
Gepäck	haqāib	حَقَائِبُ
Gepäckabfertigung	idschrāāt tachlīs il-haqāib	إِجْرَاءَاتُ تَخْلِيصِ الحَقَائِبِ
Gepäckausgabe	taslīm il-haqāib	تَسْلِيمُ الحَقَائِبِ
Handgepäck	haqāib jadawīja	حَقَائِبُ يَدَوِيَّةٌ

Landung	hubūt	هُبوطٌ
Notausgang	machradsch it-tawāri	مَخْرَجُ الطَّوارِئ
Notlandung	hubūt idtirārī	هُبوطٌ اِضْطِرارِيٌّ
Notrutsche	maslaqat il-ichlā il-idtirārī	مَزْلَقَةُ الإخْلاءِ الاضْطِرارِيِّ
Passagier	rākib	راكِبٌ
Pilot/in	tajjār/tajjāra	طَيّارٌ /طَيّارَةٌ
Schalter	schubbāk	شُبّاكٌ
Schwimmweste	sidār in-nadschāt	صِدارُ النَّجاةِ
Steward/ess	mudīf/mudīfa	مُضيفٌ/مُضيفَةٌ
stornieren	alghā il-hadschs	أَلْغى الْحَجْزَ
umbuchen	ghajjara l-hadschs	غَيَّرَ الْحَجْزَ
Verspätung	tachīr	تَأْخيرٌ
zollfreier Laden	sūq hurra	سوقٌ حُرَّةٌ
Zwischenlandung	tawaqquf aṯnā s-safar	تَوَقُّفٌ أَثْناءَ السَّفَرِ

... MIT DEM ZUG

AM BAHNHOF | fī mahattat il-qitār | في مَحَطَّةِ القِطارِ

Wann fährt der nächste Zug nach ...	matā yantaliq al-qitār t-tali ilā ...?	مَتى يَنْطَلِقِ الْقِطارُ التّالي إلَى.....؟
Eine einfache Fahrt 2. Klasse/ 1. Klasse nach ..., bitte.	(urīd) bitāqa li-d-daradscha ṯ-ṯānija/ l-ūlā ilā ... min fadlak (f -ik).	(أُريدُ) بِطاقَةً لِلدَّرَجَةِ الثّانِيَةِ/ الأولَى إلَى ... مِنْ فَضْلِكَ.
Zweimal ... hin und zurück, bitte.	(urīd) bitāqatain ḏahāb wa ijāb min fadlak (f -ik).	(أُريدُ) بِطاقَتَيْنِ ذَهابًا وَإِيابًا مِنْ فَضْلِكَ.
Bitte eine Platzkarte für den Zug um ... Uhr nach ...	ihdschis (f ihdschisī) lī mahall fī qitār is-sā'a ... ilā ... min fadlak (f-ik).	اِحْجِزْ لي مَحَلاًّ في قِطارِ السّاعَةِ ... إلَى ... مِنْ فَضْلِكَ.
Muss ich umsteigen?	hal jadschib an ughajjir il-qitār?	هَلْ يَجِبُ أَنْ أُغَيِّرَ الْقِطارَ؟
Wo muss ich aussteigen/umsteigen?	ain jadschib an ansil/ughajjir?	أَيْنَ يَجِبُ أَنْ أَنْزِلَ/أُغَيِّرَ؟
Von welchem Gleis fährt der Zug nach ... ab?	min ajj rasīf jantaliq il-qitār ilā ...?	مِنْ أَيِّ رَصيفٍ يَنْطَلِقُ الْقِطارُ إلَى ...؟
Kann ich ein Fahrrad mitnehmen?	hal astatī' an āchuḏ darrādscha ma'ī?	هَلْ أَسْتَطيعُ أَنْ آخُذَ دَرّاجَةً مَعي؟

IM ZUG | fī l-qitār | فِي الْقِطَارِ

Verzeihung, ist dieser Platz noch frei?	'afwan, hal hādā l-mahall schāghir?	عَفْوًا، هَلْ هٰذَا الْمَحَلُّ شَاغِرٌ ؟
Hält dieser Zug in ...?	hal jatawaqqaf il-qitār fī ...?	هَلْ يَتَوَقَّفُ الْقِطَارُ فِي ...؟
Abfahrt	intilāq	اِنْطِلَاقٌ
Abteil	maqsūra	مَقْصُورَةٌ
ankommen	wusūl	وُصُول
Aufenthalt	tawaqquf	تَوَقُّفٌ
aussteigen	nasala	نَزَلَ
Bahnhof	mahattat il-qitārāt	مَحَطَّةُ الْقِطَارَاتِ
besetzt	mahdschūs/maschghūl	مَحْجُوزٌ/مَشْغُولٌ
einsteigen	rakib/sa'ad	رَكِبَ/صَعَدَ
Ermäßigung	tachfīd	تَخْفِيضٌ
Fahrkarte	tadkara	تَذْكَرَةٌ
Fahrkartenschalter	schubbāk it-tadākir	شُبَّاكُ التَّذَاكِرِ
Fahrplan	dschadwal mawā'īd is-safar	جَدْوَلُ مَوَاعِيدِ السَّفَرِ
Fahrpreis	taman it-tadkara/al-udschra	ثَمَنُ التَّذْكَرَةِ/الأُجْرَةُ
Fensterplatz	maq'ad bi-dschānib in-nāfida	مَقْعَدٌ بِجَانِبِ النَّافِذَةِ
frei	schāghir	شَاغِرٌ
Gepäck	haqāib	حَقَائِبُ
Gepäckaufbewahrung	ghurfat il-amānāt	غُرْفَةُ الأَمَانَاتِ
Gepäckschein	wasl istilām il-haqāib	وَصْلُ اِستِلَامِ الْحَقَائِبِ
Gleis	rasīf	رَصِيفٌ
Hauptbahnhof	mahattat il-qitārāt ir-raīsīja	مَحَطَّةُ الْقِطَارَاتِ الرَّئِيسِيَّةُ
Kinderfahrkarte	tadkara muchaffada li-l-atfāl	تَذْكَرَةٌ مُخَفَّضَةٌ لِلأَطْفَالِ
Nichtraucherabteil	maqsūrat ghair il-mudachchinīn	مَقْصُورَةُ غَيْرِ الْمُدَخِّنِينَ
Notbremse	farmalat it-tawāri	فَرْمَلَةُ الطَّوَارِئِ
Raucherabteil	maqsūrat il-mudachchinīn	مَقْصُورَةُ الْمُدَخِّنِينَ
Rückfahrkarte	tadkarat dahāb wa ijāb	تَذْكَرَةُ ذَهَابٍ وَإِيَابٍ
Schlafwagen	maqtūrat in-naum	مَقْطُورَةُ النَّوم
Schließfach	chasna muaqatta fī mahattat il-qitār	خَزْنَة مُؤَقتة فِي مَحَطَّةِ القِطَار
Sitzplatzreservierung	hadschs kursī fī il-qitār	حجز كُرسَي فِي القِطَار

> www.marcopolo.de/arabisch

Speisewagen	'arabat il-mat'am	عَرَبَةُ المَطْعَم
Stromanschluss	māchad kahrabā	مَأخَذُ كَهرباء
Toilette	daurat mijāh/tuwālēt	دَوْرَةُ مِياهٍ/تُواليتْ
Wartehalle	qā'at il-intiḏār	قَاعَةُ الانْتِظَار
Zug	as-sikka l-hadīdīja	اَلسِّكَّةُ الْحَدِيدِيَّةُ
Zugfähre	mu'addijat il-qitārāt	مُعَدِّيَةُ القِطَارَاتِ

... MIT DEM SCHIFF

IM HAFEN | fī il-marfā / fī il-mīnā | فِي المَرْفَأ / فِي المِينَاء

Wo/Wann fährt das nächste Schiff nach ... ab?	ain/matā tubhir auwal safīna ilā ...	أَيْنَ/مَتَى تُبْحِرُ أَوَّلُ سَفِينَةٍ إِلَى ...؟
Ich möchte eine Schiffskarte nach ...	urīd taḏkara ilā ...	أُرِيدُ تَذْكِرَةً إِلَى ...
Wann legen wir in ... an?	matā nasil ilā marfa ...?	مَتَى نَصِلُ إِلَى مَرْفَإِ ...؟

AN BORD | 'alā ḏahr is-safīna | عَلَى ظَهْرِ السَّفِينَةِ

Wo ist der Speisesaal/ der Aufenthaltsraum?	ain qā'at it-ta'ām/ain is-sāla?	أَيْنَ قَاعَةُ الطَّعَامِ/أَيْنَ الصَّالَةُ؟
Ich fühle mich nicht wohl.	asch'ur bi-tawa'uk.	أَشْعُرُ بِتَوَعُّكٍ.

Anlegeplatz	marsa	مَرْسى
an Bord	'alā ḏahr is-safīna	عَلَى ظَهْرِ السَّفِينَةِ
Buchung	hadschs	حَجْزٌ
Deck	ḏahr is-safīna	ظَهْرُ السَّفِينَةِ
Fähre	'abbāra/mu'addija	عَبَّارَةٌ/مُعَدِّيَةٌ
Fahrkarte	taḏkara	تَذْكِرَةٌ
Hafen	marfa/mīnā	مَرْفَأٌ/مِيناءٌ
Kabine	maqswura	مَقْصُورَةٌ
Motorboot	qārib bi-muharrik	قَارِبٌ بِمُحَرِّكٍ
Rettungsboot	qārib in-nadscha	قَارِبُ النَّجَاةِ
Rettungsring	tauq in-nadscha	طَوْقُ النَّجَاةِ

Ruderboot	qārib it-tadschdīf	قَارِبُ التَّجْذِيفِ
Schwimmweste	sidār in-nadschā	صِدَارُ النَّجَاةِ
seekrank	musāb bi-duwār il-bahr	مُصَابٌ بِدُوَارِ الْبَحْرِ
Steward	mudīf	مُضِيفٌ

NAHVERKEHR

BUS/U-BAHN | ūtūbīs/metrō | أُوتُوبِيسٌ/مِتْرُو

Wann/Wo fährt der Bus ab?	matā/min ain jantaliq il-ūtūbīs?	مَتَى/مِنْ أَيْنَ يَنْطَلِقُ الأُوتُوبِيسُ ؟
Welche Linie fährt nach ...?	ajj chat jusāfir ilā ...?	أَيُّ خَطٍ يُسَافِرُ إِلَى ...؟
Wo muss ich aussteigen/umsteigen?	ain jadschib an ansil/ughajjir?	أَيْنَ يَجِبُ أَنْ أَنْزِلَ/أُغَيِّرَ ؟
Bitte, einen Fahrschein nach ...	min fadlak (f -ik), tadkara ilā ...	مِنْ فَضْلِك، تَذْكَرَةً إِلَى ...
Kann ich ein Fahrrad mitnehmen?	hal astatīʼ an āchud darrādscha maʼī?	هَلْ اَسْتَطِيعُ أَنْ آخذ دَرّاجة مَعِي ؟

Abfahrt	intilāq	اِنْطِلاَقٌ
aussteigen	nasala	نَزَلَ
Bus	ūtūbīs/bās (syr.)	أُوتُوبِيسٌ/بَاصٌ
einsteigen	rakiba/saʼida ilā	رَكِبَ/صَعِدَ إِلى
Endstation	al-mahatta l-achīra	اَلْمَحَطَّةُ الأَخِيرَةُ
Fahrer	sāiq (m) / sāiqa (f)	سَائِقٌ / سَائِقَةٌ
Fahrplan	dschadwal mawāʼīd s-safar	جَدْوَلُ مَوَاعِيدِ السَّفَرِ
Fahrpreis	taman it-tadkara/al-udschra	ثَمَنُ التَّذْكَرَةِ/اَلأُجْرَةُ
Fahrschein	tadkara	تَذْكَرَةٌ
Haltestelle	mauqif/mahatta	مَوْقِفٌ/مَحَطَّةٌ
Straße	schāriʼ	شَارِعٌ
Straßenbahn	trām/trāmwāi (syr.)	تْرَامٌ/تْرَامْوَايْ
U-Bahn	metrō	مِتْرُو

TAXI | tāksī/sajjārat il-udschra | تاكْسِي/سَيَّارَةُ الأُجْرَةِ

Rufen Sie mir bitte ein Taxi.	utlub lī tāksī min fadlak.	أُطلُبْ لِي تَاكسِي مِنْ فَضْلِك.
Wo ist der nächste Taxistand?	ain jūdschad aqrab mauqif li-t-tāksī?	أَيْنَ يُوْجَدُ أَقْرَبُ مَوْقِفٍ لِلتَّاكْسِي ؟
Zum Bahnhof.	ilā mahattat il-qitārāt.	إِلَى مَحطَّةِ القِطَارَاتِ.
Zum ... Hotel.	ilā funduq ...	إِلَى فُنْدُق ...
In die ...-Straße.	ilā schāri' ...	إِلَى شَارِع ...
Nach ..., bitte.	ilā ... min fadlak.	إِلَى ... مِنْ فَضْلِكَ.
Wie viel kostet es nach ...?	kam il-udschra ilā ...?	كَمِ الأُجْرَةُ إِلَى ...؟
Das ist zu viel.	hāḏā kaṯīr dschiddān.	هَذَا كَثِيرٌ جِدّاً.
Das ist für Sie.	hāḏā laka (f laki).	هَذَا لَكَ.
Die Quittung, bitte.	al-wasl min fadlak.	الوَصلُ مِنْ فَضلِكَ.

Fahrpreis	si'r it-taḏkara	سِعْرُ التَّذْكَرَةِ
Taxifahrer	sāiq tāksī	سَائِقُ تَاكْسِي
Taxistand	mauqif tāksī	مَوْقِفُ تَاكْسِي
Trinkgeld	baqschīsch	بَقْشِيشٌ

WIE DIE EINHEIMISCHEN

Insider Tipp

Mit dem Taxi unterwegs

Das Taxi ist ein günstiges und häufig benutztes Verkehrsmittel. In der Regel werden die Fahrpreise am Taxameter angezeigt. Wenn nicht, müssen Sie unbedingt vor der Fahrt den Fahrpreis aushandeln. Taxifahrer kann man auch nach Restaurants fragen. Sie geben gerne Auskunft und gute Tipps.

> KULINARISCHE ABENTEUER

Mit Spaß bestellen und mit Genuss essen – denn für Sie ist die Speisekarte in Landessprache kein Buch mit sieben Siegeln.

ESSEN GEHEN | id-dahāb li-l-mat'am | الذَّهابُ لِلْمَطْعَمْ

Wo gibt es hier ...	ain jūdschad hunā ...	أَيْنَ يُوْجَدُ هُنَا ...
ein gutes Restaurant?	mat'am dschajjid?	مَطْعَمٌ جَيِّدٌ ؟
ein typisches Restaurant?	mat'am scha'bī?	مَطْعَمٌ شَعْبِيٌّ ؟
Ist dieser Platz noch frei?	hal hādā l-mahall ghair mahdschūs?	هَلْ هَذَا الْمَحَلُّ غَيْرُ مَحْجُوزٍ ؟
Wo sind bitte die Toiletten?	min fadlak (f -ik), ain daurāt il-mijāh/it-tuwālet?	مِنْ فَضْلِكَ، أَيْنَ دَوْرَاتُ الْمِيَاهِ/التُّوَالِيتُ ؟

ESSEN UND TRINKEN

Guten Appetit!	schahijja tajjiba/hanīan!	شَهِيَّةً طَيِّبَةً/هَنِيئًا!
Auf Ihr Wohl!	fī sihhatak (f -ik)!	فِي صِحَّتِكَ!
Das Essen ist/war ausgezeichnet!	at-ta'm / kān mumtās!	الطَّعامُ / كَانَ مُمْتازاً!
Ich bin satt, danke.	laqad schabi't, schukran.	لَقد شَبِعت، شُكراً.
Darf ich rauchen?	hal astatī' it-tadchīn?	هَلْ أَسْتَطِيعُ التَّدْخِينَ؟

BESTELLUNG | talab/hadschs | طَلَبٌ/حَجْزٌ

Herr Ober/Bedienung, die Speisekarte, die Getränkekarte, bitte.	jā nādil/jā sajjid (f jā sajjida) qāimat it-ta'ām qāimat il-maschrūbāt min fadlak (f -ik).	يَا نَادِلُ/يَا سَيِّدُ قَائِمَةَ الطَّعَامِ قَائِمَةَ الْمَشْرُوبَاتِ مِنْ فَضْلِكَ
Was können Sie mir empfehlen?	mādā tansahnī (f tansahīnī)	مَاذَا تَنْصَحُنِي ؟
Ich nehme ...	saāchud ...	سَآخُذُ ...
Wir haben leider kein/e ... (mehr).	lam jabqa ladainā ... ma'a l-asaf.	لَمْ يَبْقَ لَدَيْنَا ... مَعَ الأَسَفِ.
Was wollen Sie trinken?	mādā turīd (f -īn) an taschrab (f -īn)?	مَاذَا تُرِيدُ أَنْ تَشْرَبَ ؟
Bitte bringen Sie uns ...	min fadlak (f -ik), ahdir (f ahdirī) lanā ...	مِنْ فَضْلِكَ، أَحْضِرْ لَنَا ...

REKLAMATIONEN | schakāwī | شَكَاوِي

Haben Sie mein/e ... vergessen?	hal nasīta (f nasīti) ...?	هَلْ نَسِيتَ ...؟
Das habe ich nicht bestellt.	lam atlub hādā	لَمْ أَطْلُبْ هَذَا
Das Essen ist kalt/versalzen.	at-ta'ām bārid/mālih	اَلطَّعَامُ بَارِدٌ/مَالِحٌ
Holen Sie bitte den Chef.	istad' (f istad'ī) il-mudīr min fadlak (f -ik)	اِسْتَدْعِ الْمُدِيرَ مِنْ فَضْلِكَ

BEZAHLEN, BITTE | al-hisāb min fadlak (f -ik) | اَلْحِسَابَ مِنْ فَضْلِكَ

Bitte alles zusammen.	min fadlak (f -ik), il-hisāb kāmil.	مِنْ فَضْلِكَ، الْحِسَابَ كَامِلاً.
Könnte ich bitte eine Quittung bekommen?	hal astatī' an āchud wasl min fadlak?	هَلْ أَسْتَطِيعُ أَنْ آخُذَ وَصلاً مِن فَضلِكَ ؟
Getrennte Rechnungen, bitte.	min fadlak (f -ik), qawāim il-hisāb li-kull 'alā hida.	مِنْ فَضْلِكَ، قَوَائِمُ الْحِسَابِ لِكُلٍّ عَلَى حِدَةٍ.
Das ist für Sie.	hādā laka (f laki).	هَذَا لَكَ.
Hat es geschmeckt?	hal kān it-ta'ām tajjib?	هَلْ كَانَ الطَّعَامُ طَيِّبًا ؟
Das Essen war ausgezeichnet.	kān it-ta'ām mumtās.	كَانَ الطَّعَامُ مُمْتَازًا.
Vielen Dank für die Einladung!	schukran 'alā d-da'wa!	شُكْرًا عَلَى الدَّعوَةِ!

ESSEN UND TRINKEN

Abendessen	'aschā	عَشَاءٌ
Besteck	as-sikkīn wa sch-schawka wa l-mil'aqa	اَلسِّكِّينُ وَالشَّوْكَةُ وَالْمِلْعَقَةُ
Bestellung	talab/hadschs > S. 40	طَلَبٌ/حَجْزٌ
Brot	chubs > S. 45, 48, 63	خُبْزٌ
Diabetiker	marīd bi-s-sukkarī	مَرِيضٌ بِالسُّكَّرِيِّ
englisch (nicht durch)	'alā t-tarīqa l-indschilīsīja	عَلَى الطَّرِيقَةِ الإِنْجِلِيزِيَّةِ
Essig	chall > S. 63	خَلٌّ
fettarm	qalīl id-dasam	قَلِيْلُ الْدَّسَمِ
frisch	tāsadsch	طَازَجٌ
Frühstück	futūr > S. 48	فُطُورٌ
Gang	sinf min it-ta'ām	صِنْفٌ مِنَ الطَّعَامِ
gebacken	machbūs (Brot)/ maqlī (Fleisch, Fisch)	مَخْبُوزٌ/مَقْلِيٌّ
gebraten	muhammar	مُحَمَّرٌ
gedünstet	mu'add bi-l-buchār	مُعَدٌّ بِالْبُخَارِ
gekocht	matbūch/maslūq (Eier)	مَطْبُوخٌ/مَسْلُوقٌ
geräuchert	mudachchan	مُدَخَّنٌ
Gericht	wadschba	وَجْبَةٌ
Getränk	scharāb > S. 47, 52 f.	شَرَابٌ
Gewürz	tawābil	تَوَابِلُ
Glas	kas	كَأْسٌ

WIE DIE EINHEIMISCHEN

Insider Tipp

Die „eine" arabische Küche

... gibt es gar nicht. Jede Region hat ihre Spezialitäten, Gewürze und Essgewohnheiten. Während im Nahen und Mittleren Osten die zahllosen Vorspeisen dominieren, überwiegen im nordafrikanischen Raum Hirse, Weizen und Reisgerichte in vielen Variationen und eine riesige Vielfalt an Süßem. Allen Arabern gemein ist die Freude mit Gästen gut zu essen. Es gehört einfach zum guten Ton, Fremde auch schon nach kurzem Kennenlernen einzuladen. Man ist aber nicht verpflichtet, eine Einladung anzunehmen.

Gräte	hasak	حَسَكٌ
gut durch	maschwīja tamām	مَشْوِيَّةٌ تَمَامًا
halb durch	nisf maschwīja	نِصْفَ مَشْوِيَّةٍ
Hauptspeise	at-tabaq ir-raīsī > S. 50 f.	اَلطَّبَقُ الرَّئِيسِيُّ
hausgemacht	masnū' fī l-bait	مَصْنُوعٌ فِي الْبَيْتِ
heiß	sāchin/hārr	سَاخِنٌ/حَارٌّ
kalorienarm	qalīl is-sa'rāt l-harārīa	قَلِيلُ السَّعرَاتِ الْحَرَارِيةِ
kalt	bārid	بَارِدٌ
Kellner	nādil/dscharsūn	نَادِلٌ/جَرْسُونْ
Koch/Köchin	tabbāch/tabbācha	طَبَّاخٌ/طَبَّاخَةٌ
kochen	tabacha	طَبَخَ
mager	ghair mudhin/ghair dasim	غَيْرُ مُدْهِنٍ/غَيْرُ دَسِمٍ
Menü	wadschba	وَجْبَةٌ
Mittagessen	ghadā	غَدَاءٌ
Nachtisch	halāwā/dūsīr (syr.) > S. 51 f.	حَلاَوَى/دُوسِيرْ
Ober (Anrede)	nādil	نَادِلٌ
Öl	sait	زَيْتٌ
Pfeffer	fulful	فُلْفُلٌ
Salat	salata > S. 43, 49	سَلَطَةٌ
Salz	milh	مِلْحٌ
sauer	hāmid	حَامِضٌ
scharf	hādd/hārr	حَادٌّ/حَارٌّ
Serviette	manādīl l-māida	مَنَادِيلُ الْمَائِدَةِ
Speisekarte	qāimat it-ta'ām > S. 40, 48 ff.	قَائِمَةُ الطَّعَامِ
Suppe	hasā/schurba > S. 49	حَسَاءٌ/شُرْبَةٌ
süß	hulu	حُلْوٌ
Tasse/Tassen	findschān/ fanādschīn	فِنْجَان / فَنَاجِينُ
Trinkgeld	baqschīsch	بَقْشِيشٌ
vegetarisch (Essen)	muallaf min l-chudār	مُؤَلَّفٌ مِنَ الْخُضَارِ
Vorspeise	muqabbilāt > S. 50	مُقَبِّلاَتٌ
Wasser	mā	مَاءٌ
würzen	tabbala	تَبَّلَ
zäh	qāsi	قَاسٍ
(ohne) Zucker	(bidūn) sukkar	(بِدُون) سُكَّر

ESSEN UND TRINKEN

salata
سَلَطَةٌ

fāsūljā/lūbjā
فاصُولْيا/لُوبْيا

schatta
شَطَّةٌ

fulful achdar
فُلْفُلٌ أَخْضَرُ

tamātim/bandōra
طَماطِمُ/بَنْدُورَةٌ

chijār
خِيارٌ

qarnabīt
قَرْنَبِيط

brukulī
بروكولي

ardi schūkī
أَرضي شوكي

fitr
فِطْر

bādindschān
بَاذِنْجانٌ

karafs
كَرَفْس

batātā
بَطاطا

basal
بَصَلٌ

tūm
ثُومٌ

sandschabīl
زَنْجَبِيل

avōkādō
أَفوكادو

dschasar
جَزَرٌ

malfūf
مَلْفُوف

kurrāt
كُرّاثٌ

haliūn
هَليون

'adas
عَدَسٌ

qar'/jaqtīn
قَرْعٌ/يَقْطِينٌ

kūsā
كُوسا

bāsillā
بَازِلاَّءُ

hummus
حُمُّصٌ

sabānich
سَبانِخُ

dura
ذُرَةٌ

marijamīa
مَرْيَمِيّة

na'nā'
نَعْناع

baqdūnis
بَقْدُونِس

hiss il-lbān
حَصّ اللُّبان

mischmisch
مِشْمِش

maus
مَوز

ananās
أَنانَاس

mangō
مَنْجُو

frēs/farāwla
فْرِيز/فَرَاوْلَة

chauch/durrāq (syr.)
خوخ/دُرَّاق

kīwī
كِيوِي

'inab
عِنَبٌ

tuffāh
تُفَّاحْ

idschdschās
إِجَّاص

tūt il-'ulliq
تُوت العُلّيق

karas
كَرَزٌ

'inab ḏ-ḏiib
عِنَبُ الذِّئْبِ

burtuqāl
بُرْتُقَال

lajmūn
لَيْمُونٌ

lūmī
لُومِي

pappājja
بابَايا

battīch
بَطِّيخٌ

schammām
شَمَّامٌ

krīfūn
كرِيفُون

rummān
رُمَّانٌ

barqūq
بَرْقُوقٌ

barqūq asfar
بَرْقُوق أَصفَر

tīn
تِينٌ

litschī
لِتْشِي

krīfūn
كرِيفُون

dschaws l-hind
جَوْزُ الْهِنْدِ

kastanā
كَسْتَنَاء

fūl sūdānij/fustuq (syr.)
فُولٌ سُودَانِيٌّ/فُسْتُقٌ

nau' min it-tūt l-barrī
نَوْع مِنَ التُّوت البَرِّي

fākiha mudschaffafa
فَاكِهَةٌ مُجَفَّفَةٌ

mukassarāt ma' sabīb
مُكَسَّرات مَعْ زَبِيبٍ

ESSEN UND TRINKEN

chubs/tōst
خُبزٌ/تُوسْتْ

chubs asmar
خُبزٌ أَسْمَرْ

chubs chaschin
خُبز خَشِن

bāgit
بَاغِيت

ka'k
كَعك

brītse
بْرِيتْسِة

kurwassān
كُرُوَسَّان

chubs muqarmasch
خُبز مُقَرْمَش

raghīf
رَغِيف

chubs saghīr
خُبزًا صَغِيرًا

chubs chaschin saghīr
خُبز خَشِن صَغِير

chubs il-hubūb
خُبز الحُبوب

wāfl
وَافِل

dūnats
دُونَتس

fatīra bi-l-fākiha
فَطِيرة بِالفَاكِهة

kato
كَاتُوه

wāfl il-russ
وَافِل الأَرُزّ

cereals
سِيرْيالز

Corn flakes
كُورْن فلكس

laban sabādī
لَبَنْ زَبَادِيْ

subda
زُبْدَه

baid
بَيْضْ

dschubn
جُبْنْ

dschubna 'afina
جُبْنَة عَفِنَة

kāmūmbir
كَامومْبير

kreem l-dschubna
كرِيم الْجُبنة

halīb/laban (äg.)
حَلِيبٌ/لَبَنْ

laban bi-l-a'schāb
لَبَن بِالأَعْشَاب

dschubna safrā
جُبنَة صَفرَاء

barmisān
بَارمِزان

dschubn min laban il-ghanam
جُبْنٌ مِنْ لَبَنِ الْغَنَمِ

lahm baqar
لَحم بَقَر

ahschā
أحشَاء

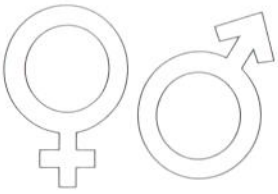

untā/dakar
أنثى /ذَكَر

lahm ʻdschl
لَحم عِجل

lahm chansīr
لَحم خِنْزِير

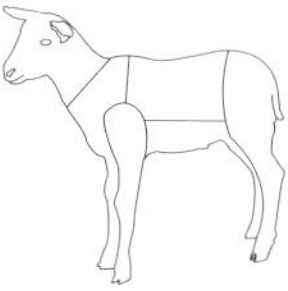

lahm ghanam
لَحم غَنَم

lahm dadschādsch
لَحم دَجَاج

lahm il-batt
لَحم البَطّ

lahm arnab
لَحم أرنَب

chansīr barrī
خِنْزِير بَرِّي

(lahm) qitʼa wāhida
(لَحم) قِطعَة وَاحِدة

lahma schaqaf
لَحْمَة شَقَف

lahm mafrūm
لَحْمٌ مَفْرُومٌ

schaqaf
شَقَف

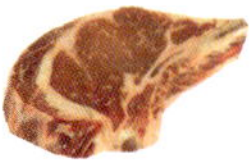

stīk
ستيك

fīlīh
فِيليه

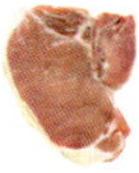

kastalēta
كَسْتَلِيتَهْ

rūst bīf
رُوست بِيف

naqāniq
نَقَانِق

sudschuq
سُجُق

salāmī
سَلاَمِي

hām matbūch
هَام مَطبُوخ

hām ghair matbūch
هَام غَيْر مَطبُوخ

bacon
بيكون

dadschādsch maschwi
دَجَاج مَشوي

afchād d-dadschādsch
أَفْخَاذ الدَّجَاج

ESSEN UND TRINKEN

ḏiib il-bahr
ذِئبُ الْبَحرِ

as-salmūn il-murraqat
السَّلمُون المُرَّقط

samak t-tūnā
سَمَكُ التُّونَةِ

salamun
سَلَمونٌ

sardīn
سَرْدِينٌ

gambarij
جَمْبَرِيٌّ

qrīdis
قرِيدِس

karkand
كَرْكَنْد

sadaf/qawāqi'
صَدَفٌ/قَوَاقِعُ

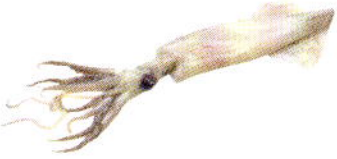
habbār
حَبَّار

mahār
مَحَارٌ

kāviār
كَافِيار

mā ma'danī
مَاءٌ مَعْدَنِيٌّ

ma'/bidūn ghās
مَعْ/بِدُون غَاز

halīb/laban
حَلِيبٌ/لَبَنٌ (äg.)

halīb is-sūiā
حَلِيب الصُّويا

'asīr
عَصِيرٌ

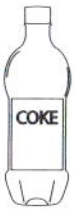

Cola
كُولا

scharāb in-naschāt
شَرَاب النّشاط

bīra
بِيرَةٌ

schāi
شَايٌ

qahwa
قَهْوَةٌ

kakāw
كَاكَاو

qita' ṯaldsch
قِطَعُ ثَلْجٍ

nabīḏ ahmar
نَبِيذٌ أَحْمَرُ

nabīḏ abijjad
نَبِيْذ أَبْيَض

nabīḏ fawwār
نَبِيذ فَوّار

kuktīl
كُوكْتِيل

FRÜHSTÜCK | futūr | فُطُور

Zeigebilder: Seite 44 ff.

Brot	chubs	خُبْز
Fladenbrot	raghīf	رَغِيف
Toast	tōst/chubs muqammar	تُوسْت/خُبْز مُقَمَّر
Butter	subda	زُبْدَه
Käse	dschubn	جُبْن
Schafskäse	dschubn min laban il-ghanam	جُبْن مِنْ لَبَنِ الْغَنَم
Weichkäse	dschubn tarī/dschubn lajjin	جُبْن طَرِيّ/جُبْن لَيِّن
Ziegenkäse	dschubn min laban il-mā'is	جُبْن مِنْ لَبَنِ الْمَاعِز
Wurst	sudschuq	سُجُق
Honig	'asal	عَسَل
Marmelade	murabba	مُرَبى
Jogurt	laban sabādī	لَبَن زَبَادِي
weich gekochtes Ei	baida nisf maslūqa	بَيْضَة نِصْف مَسْلُوقَه
hart gekochtes Ei	baida maslūqa	بَيْضَة مَسْلُوقَه
Spiegeleier	baid maqlī	بَيْض مَقْلِي
Omelett	'udschdscha	عُجَّه

ZWISCHENMAHLZEITEN | wadschabāt chafīfa | وَجَبَات خَفِيفَة

Falafil (Orient)	falāfil	فَلاَفِل
Feingebäck	fatāir	فَطَائِر
Fleischgebäck	fatāir bi-l-lahma	فَطَائِر بِاللَّحمة
Käsegebäck	fatāir bi-l-dschubna	فَطَائِر بِالْجُبْنَة
Kebab	kabāb	كَبَاب
Leber-Sandwich	sandawīsch kibda	سَنْدَوِيش كِبْدَه
Pferdebohnen-Gericht (Orient)	fūl mudammas	فُول مُدَمَّس
Pizza	pitza	بِيتْزَا
Spinatgebäck	fatāir bi-s-sabanech	فَطَائِر بِالسَبَانِخ
Teigfladen, gebacken mit Thymian	manāqīsch	مَنَاقِيش
Würste	naqāniq	نَقَانِق

SPEISEKARTE

SUPPEN | schurba / hasā | حَسَاءْ / شُرْبَه

Fischsuppe	schurbat samak	شُرْبَةُ سَمَكْ
Gemüsesuppe	schurbat chudar	شُرْبَةُ خُضَرْ
Hühnersuppe	schurbat dadschādsch	شُرْبَةُ دَجَاجْ
Linsensuppe	schurbat 'adas	شُرْبَةُ عَدَسْ

SALATE | salata | سَلَطَةٌ

Zeigebilder: Seite 43

gemischter Salat mit gerö-stetem Brot	fattousch	فَتُّوشْ
grüner Salat	salata chadra	سَلَطَةٌ خَضْرَه
grüner Thymiansalat	salatat sa'tar achdar	سَلَطَة زَعْتَرْ أَخْضَرْ
Rukolasalat	salatat dschardschīr	سَلَطَة جَرْجِيرْ
Tabula (Libanon)	tabbūla	تبّوله
Tomatensalat	salatat tamātim	بسَلَطَةُ طَمَاطِمْ

WIE DIE EINHEIMISCHEN

Insider Tipps

Die rechte Art

Wird mit den Fingern gegessen, dann unbedingt mit der rechten Hand. Die linke gilt als unrein. Die Hände werden vor und nach dem Essen gewaschen.

Für zwischendurch

Kleine Mahlzeiten haben in arabischen Städten Tradition. Es gibt, besonders in den Stadtkernen, eine Fülle von kleinen Restaurants und Imbissständen, die zahlreiche Spezialitäten anbieten. Qualität und Geschmack sind von Stand zu Stand sehr unterschiedlich. Tipp: Gehen Sie dahin, wo Sie viele Kunden sehen.

VORSPEISEN | muqabbilāt | مُقَبِّلَاتٌ

Auberginencreme	mutabbal	مُتَبَّلْ
gegrillte Garnelen	dschambarī maschwī	جَمْبَري مَشْوِي
Hackfleisch-Weizenschrot-gemisch	kibba	كَبّة
gebratene Kibba	kibba maqlīa	كَبّة مَقْلِيَّة
gegrillte Kibba	kibba maschwīja	كَبّة مَشوُيَّة
rohe Kibba	kibba naīa	كَبّة نيّة
Kibba gekocht in Joghurtsauce	kibba bi-l-laban	كَبّة بِاللَبن
Kichererbsenbrei	hummus	حُمُّص
Meze – mehrere Vorspeisen	massa munawwa'a	مَزّةٌ مُنوَّعه
Paprikacreme	muhammara	مُحَمَّرَة
vegetarisch gefüllte Wein-blätter	jalangī	يَلَنْجي

HAUPTMAHLZEITEN | wadschabāt raīsīja | وَجَبَاتٌ رَئِيسِيَّةٌ

Couscous mit Lammfleisch (Maghreb)	kuskusī bi-lahm il-charūf	كُسْكُسِى بِلَحْمِ الخَرُوف
Fleischbraten	lahm muhammar	لَحْمٌ مُحَمَّرْ
gebackenes Hähnchen	dadschādsch fī l-furn	دَجاجٌ في الفُرْنْ
gefülltes Huhn vom Holzkoh-lengrill	dadschādsch maschwī 'alā al-faham	دَجاج مَشوي على الفحمْ
gegrilltes Fleisch	lahm maschwī	لَحْمٌ مَشْوِي
gegrillter Fisch	samak maschwī	سَمَكٌ مَشْوِي
Hackbraten	kifta	كِفْته
Lamm in Joghurtsauce	schākrīja	شاكْرِية
Lammfleisch in Weizenkleie gekocht	frīka	فْرِيكة
Mansaf, Lamm mit Reis, trad. Beduinenfestmahl	mansaf	مَنْسَفْ
Mulukiyya mit Tauben (Ägypten)	mulūchīja bi-l-hamām	مُلُوخِيّه بِالحَمَامْ
Nudelauflauf (Orient)	makrūna fī l-furn	مَكْرُونه في الفُرْنْ

Okraschoten mit Lammfleisch	bāmja bi-lahm il-charūf	بَامية بِلَحم الخَرُوف
große Teigtasche gefüllt mit Reis, Fleisch, Erbsen und Nüssen	ūzī	أُوزِي
mit Hackfleisch und Reis gefüllte Weinblätter	mahschī waraq 'inab	مَحْشِي وَرَق عِنَب

GEMÜSE | chudar/chudār | خُضَرٌ/خُضَارٌ

Zeigebilder: Seite 43

Kartoffeln	batātā	بَطَاطَا
Nudeln	makrūna	مَكْرُونَه
Reis	ruz	أُرُزّ

OBST UND SÜSSSPEISEN | fawākih wa-halāwa | فَوَاكِهْ وَ حَلاَوَى

Zeigebilder: Seite 44 f.

Äpfel	tuffāh	تُفَّاحْ
Aprikosen	mischmisch	مِشْمِشْ
Bananen	maus	مَوز
Birnen	idschdschās	إِجَّاصْ
frische/getrocknete Datteln	balah/tamr	بَلَحْ/تَمْرْ
Feigen	tīn	تِينْ
Granatäpfel	rummān	رُمَّانْ
Kaktusfeigen	tīn schaukī	تِينْ شَوكِي
Mango	mangō	مَنْجُو
Maulbeeren	tūt	تُوتْ
Melonen	battīch	بَطِّيخْ
Orangen	burtuqāl	بُرْتُقَالْ
Pfirsiche (Syrien)	chauch/durrāq	خَوخْ/دُرَّاقْ
Quitten	safardschal	سَفَرْجَلْ
Trauben	'inab	عِنَبْ

Baklawa	baqlāwa	بَقْلاَوَه
Basbousa (Ägypten)	basbūsa	بَسْبُوسَه
Keks-Feingebäck	ka'k	كَعْكٌ
Kuchen	kato	كَاتوه
Milchreis	russ bi-l-halīb	رزٌ بِالْحَلِيب
verschiedenartige, sehr schmackhafte orientalische Süßigkeiten	halawījāt schāmīja	حَلَوِيَّات شَامِيَّة

GETRÄNKEKARTE | qāimat il-maschrūbāt | قَائِمَة الْمَشْرُوبَاتِ

Zeigebilder: Seite 47

Tee	schāi	شَايٌ
Tee mit Milch/mit Zitrone	schāi bi-l-halīb/bi-l-laimūn	شَايٌ بِالحَلِيبْ/بِاللَّيْمُونْ
Tee mit Minze (Nordafrika)	schāi bi-n-na'nā'	شَايٌ بالنَّعْنَاعْ
Kaffee	qahwa	قَهْوَةٌ
schwarzer Kaffee	qahwa bilā halīb	قَهْوَةٌ بِلاَ حَلِيبْ
Kaffee mit Milch	qahwa bi-l-halīb	قَهْوَةٌ بِالحَلِيبْ
arabischer Kaffee	qahwa 'arabīja	قَهْوَةٌ عَرَبِيَّه
arabischer Kaffee mit Kardamom	qahwa 'arabīja bi-l-hāl	قَهْوَةٌ عَرَبِيَّةٌ بِالهَالْ
Kaffee mit Orangenblütenwasser (Tunesien)	qahwa (bi-mā) s-sahr	قَهْوَةٌ (بِمَاءِ) الزَّهْرْ
kalte/warme Milch	halīb bārid/sāchin	حَلِيبٌ بَارِدْ/سَاخِنْ
Buttermilch gesalzen	laban airān	لَبَنْ عَيْرَانْ
Milch mit Kakao	halīb bi-sch-schūkūlāta	حَلِيبٌ بالشُّوكُولاَتَه
Limonade	līmōnāda	لِيمُونَادَه
Mineralwasser	mā ma'danī	مَاءٌ مَعْدَنِيٌّ
Orangensaft	'asīr burtuqāl	عَصِيرْ بُرْتُقَالْ
Mangosaft	'asīr mandscha	عَصِيرْ مَنْجَه
Zuckerrohrsaft (Ägypten)	'asīr qasab is-sukkar	عَصِيرْ قَصَبِ السُّكَّرْ
Wein	chamr/nabīḏ	خَمْرٌ/نَبِيذْ

GETRÄNKEKARTE

Roséwein	nabīḏ rōsē	نَبِيذٌ رُوزِيهْ
Rotwein	nabīḏ ahmar	نَبِيذٌ أَحْمَرُ
Weißwein	nabīḏ abjad	نَبِيذٌ أَبْيَضُ
Champagner	schambānijā	شَمْبَانِيَا
(alkoholfreies) Bier	bīra (min ghair kuhūl)	بِيرَةٌ (مِنْ غَيْرِ كُحُولٍ)
Whisky	wiskī	وِيسكي
Arak, Anisschnaps	'araq	عَرَقْ

WIE DIE EINHEIMISCHEN

... mit wenig/mit viel Zucker biqalīl/bikaṯīr min is-sukkar بِقَلِيلٍ / بِكَثِيرٍ مِنَ السُّكَّرْ

Arabischer Kaffee wird meist mit Zucker gebrüht. Daher sollte man angeben, wie süß man den Kaffee möchte (siehe oben).

Während des Fastenmonats ...

... sollte man in Gegenwart von Muslimen von Sonnenauf- bis Sonnenuntergang weder essen und trinken noch rauchen. Ein ungewöhnliches aber sehr schönes Mahl sollte man sich im Ramadan nicht entgehen lassen: das Suhūr. Es handelt sich dabei um die letzte Mahlzeit vor Sonnenaufgang, die je nach Jahreszeit gegen vier Uhr morgens eingenommen wird. In allen guten Hotels ist mindestens ein Restaurant geöffnet, viele bleiben die ganze Nacht hindurch offen.

Selbstversorger

In manchen arabischen Ländern können Sie die Betreiber kleinerer Restaurants fragen, ob sie Ihnen Fleisch oder Fisch, den Sie auf dem Markt kaufen, grillen oder nach Ihrem Wunsch zubereiten:

Können Sie mir diesen Fisch bitte zubereiten/grillen?	hal tastatī' an tuhaddir/taschwī lī hasihi s-samaka min fadlak (f -ik)?	هَلْ تَسْتَطِيعُ أَن تُحَضِّرَ / تَشْوِي لِي هَذِهِ السَّمَكَة مِن فَضْلِكَ ؟

So bekommen Sie für wenig Geld Spezialitäten, die sonst nur in teuren Restaurants zu haben sind.

> ERFOLGREICH SHOPPEN

Mal ist es der schicke Schuh oder das schöne Souvenir, mal die Zahnbürste oder das Vollkornbrot – jetzt sind Sie für alle Eventualitäten gerüstet. Plus: praktische Zeigebilder

IM GESCHÄFT | fī il-mahall | فِي المَحَلّ

Danke, ich sehe mich nur um.	schukran, anā atafarradsch qalīlān.	شُكْراً، انَا أَتفَرَّجُ قَلِيلاً.
Wo finde ich ...?	ain adschid ...?	أَيْنَ أَجِدُ ...؟
Haben Sie ...?	hal ʿindakum ...?	هَلْ عِنْدَكُمْ ...؟
Ich möchte lieber ...	ufaddil ...	أُفَضِّلُ ...
Nehmen Sie Kreditkarten?	hal taqbalūn bitāqāt taslīf?	هَلْ تَقْبلُونَ بِطَاقاتِ تَسْلِيفٍ؟
Wie viel kostet es?	māḏa jukallif?	مَاذَا يُكَلِّفُ؟

EIN KAUFEN

Können Sie am Preis noch etwas machen?	hal tastatiʿ an tuʿīd in-naḏar fī is-siʿr?	هَل تَسْتَطِعَ أَنْ تُعِيدَ النَّظرَ فِي السِّعرِ ؟
Das ist aber teuer!	lākin hāḏā ghālī!	لَكِنْ هَذَا غَالِي!
Ich zahle höchstens ...	ādfaʿ ʿalā l-akṯar ...	أَدفَعُ عَلى الاكثَر ...
Ich nehme es.	sa-āchuḏhu.	سَآخُذُهُ.
Können Sie mir ein ...- Geschäft empfehlen?	hal tansahunī bi-matdschar li ...?	هَلْ تَسْتَطِيعُ أَنْ تُشِيرَ عَلَيَّ بِمَتْجَرِ ...؟

GESCHÄFTE | mahallāt | مَحَلَّات

ist'lāmāt sijāhijjā
إسْتِعلامات سياحية

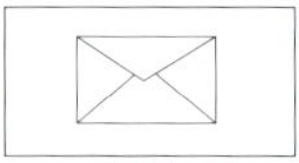

maktab barīd
مَكْتَبُ بَرِيد

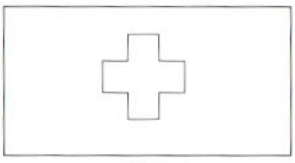

saidalīja
صَيْدَلِيَّةٌ

mahall adawāt it-tadschmil wa n-naḏafa
مَحَلّ أَدَوات التَّجميل و النَّظافَة

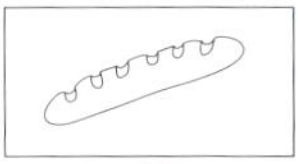

machbas
مَخْبَزٌ

al-chudarī
الخَضَري

dschassar/lahham
جَزَّار /لَحَّام

organic food shop
أُرغَانِكْ فُوود شُوب

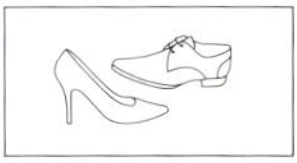

mahall il-ahḏija
مَحَلُّ الأَحْذِيَةِ

mahall in-naḏḏārātī
مَحَلُّ النَّظّاراتِيّ

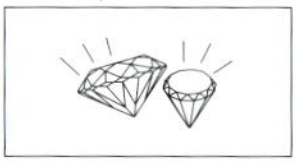

dschauharī
جَوْهَرِيٌّ

dschildijjāt
جِلْدِيَّات

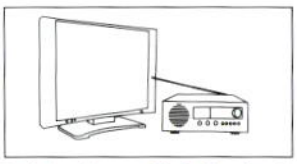

mahal l-adawāt il-kahrabāīja
مَحَلّ الأَدَواتِ الكَهرَبائية

mahal il-hawāsib il-ālīja
مَحَلّ الحَواسِبِ الآلِيَّةِ

lawāsim it-taswīr
لَوازِمُ التَّصْوِيرِ

mahal il-hawātif in-naqqāla
مَحَلّ الهَواتِف النَّقّالَةِ

bāi' l-dscharāid
بائِع الجرائِدَ

maktaba
مَكْتَبَةٌ

mahall il-istūānāt
مَحَلّ الاسطُوانات

mahall il-al'āb
مَحَلّ الألْعابِ

mahall bai' in-nabīḏ
مَحَلُّ بَيْع النَّبِيذ

mahall il-maschrūbāt ir-rūhīa
مَحَلّ المَشْروبَاتِ الرُّوحِية

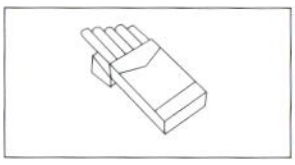

dukkān it-tabgh
دُكَّانُ التَّبْغ

adawāt r-rijāda
أَدَواتُ الرِّياضَةِ

dukkān l-ashār
دُكَّانُ الأَزْهَارِ

(Herren) hallāq/(Damen) kwāfēr
حَلاَّقٌ / كُوافِيرْ

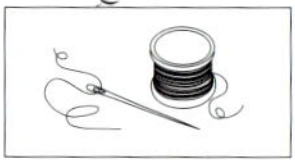

al-adawāt il-mansilīja
الأَدَواتُ المَنزِلِيَّةُ

maktab is-safar
مَكْتَبُ السَّفَرِ

Einkaufszentrum	markas lisch-schirā	مَرْكَزٌ لِلشِّرَاءِ
Kaufhaus	matdschar kabīr	مَتْجَرٌ كَبِيرٌ
Markt	sūq	سُوقٌ
Supermarkt	matdschar kabīr/sūpermārkit	مَتْجَرٌ كَبِيرٌ /سُوبَرْمَارْكِتْ

EINKAUFEN

Öffnungszeiten āwqāt id-dawām أَوقَات الدَّوام		
offen/ geschlossen	maftūh/mughlaq	مَفْتوح /مُغْلَق
Betriebsferien	'utlat il-mahall	عُطْلَة المَحَل

APOTHEKE | saidalīja | صَيْدَلِيَّة

Arzt: Seite 104 ff.

Wo ist die nächste Apotheke (mit Nachtdienst)?	ain aqrab saidalīja (munāwiba)?	أَيْنَ أَقْرَبُ صَيْدَلِيَّة (مُنَاوِبَة)؟
Geben Sie mir bitte etwas gegen ...	a'tinī (f a'tīnī) schai min fadlak (f -ik) didd ...	أَعْطِنِي شَيْئًا مِنْ فَضْلِك ضِدَّ ...

weiter auf Seite 60

WIE DIE EINHEIMISCHEN

Insider Tipps

Öffnungszeiten

Die Geschäfte öffnen zwischen 8 und 9 Uhr, Lebensmittelgeschäfte und insbesondere Bäcker auch früher. Je nach Jahreszeit und Region sind die Läden in den meisten Städten von ca. 13.00 bis 16.00 Uhr geschlossen. Dafür bleiben sie abends oft bis 21.00 Uhr und länger geöffnet.

Marktpreis

Im Souk werden die Preise in der Regel ausgehandelt. Tipp: Fragen Sie den Händler nach dem Preis der Ware, und machen Sie selber kein Angebot, auch wenn er Sie darum bittet. Indem Sie auf diese Weise mehrere Händler befragen, erfahren Sie einen „Marktpreis", auf Grund dessen Sie mit Preisverhandlungen beginnen können. Falls Sie jedoch keine Lust auf diese „Prozedur" haben, sagen Sie einfach: „Ich möchte nicht handeln." (lā urīd an ufāsil لا أُرِيدُ أن أُفاصِل)

Freitag ist Sonntag

Freitag entspricht in arabischen Staaten unserem Sonntag. Traditionell wurde daher in vielen Regionen schon am Donnerstag (sozusagen Samstag) nur halbtags oder gar nicht gearbeitet. Da dadurch nur drei Tage (Montag – Mittwoch) zur Korrespondenz mit westlichen Geschäftspartnern blieben, haben viele Staaten ihr Wochenende auf Freitag und Samstag verlegt. Eine einheitliche Regelung gibt es allerdings nicht.

DROGERIE | mahall mustahdarāt in-naḏāfa wa-t-tadschmīl
مَحَلُّ مُسْتَحْضَرَاتِ النَّظَافَةِ وَالتَّجْمِيلِ

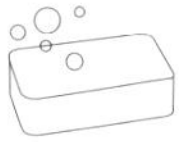
sābūn
صَابُونٌ

musīl ir-rāiha
مُزِيلُ الرَّائِحَةِ

krīm
كْرِيمٌ

waraq il-mirhād
وَرَقُ الْمِرْحَاضِ

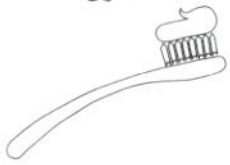
furschat asnān
فُرْشَةُ أَسْنَانٍ

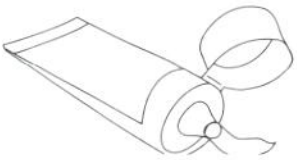
ma'dschūn asnān
مَعْجُونُ أَسْنَانٍ

chait tanḏīf il-asnān
خَيطُ تَنْظِيفِ الأَسنَانِ

manādīl il-waraq
مَنَادِيلُ الْوَرَقِ

schāmbō
شَامْبُو

muṯabbit sch-scha'r
مُثَبِّتُ الشَّعْرِ

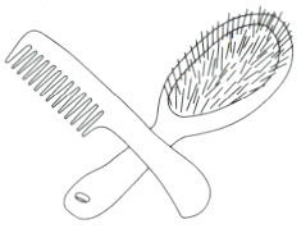
muscht/ furschat isch-scha'r
مُشْطٌ/فُرْشَةُ الشَّعْرِ

mirā
مِرْآةٌ

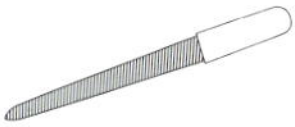
mibrad l-aḏāfir
مِبْرَدُ الأَظَافِرِ

milqat
مِلْقَطٌ

miqass il-aḏāfir
مِقَصُّ الأَظَافِرِ

'itr
عِطْرٌ

fuwat nisāīja ustuwānīja
فُوَطٌ نِسَائِيَّةٌ أُسْطُوَانِيَّةٌ

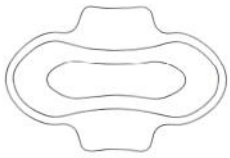
fuwat nisāīja
فُوَطٌ نِسَائِيَّةٌ

kuhl r-rumūsch/maskārā
كُحْلُ الرُّمُوش/مَسْكَارَا

ahmar sch-schifāh
أَحْمَرُ الشِّفَاهِ

schafrat il-hilāqa
شَفْرَةُ الْحِلاَقَةِ

mākinat l-hilāqa
مَاكِنَةُ الْحِلاَقَةِ

kūlūnjā
كُولُونْيَا

kabbūd/wāqī
كَبُّودٌ/وَاقٍ

krīm li-sch-schams
كْرِيمٌ لِلشَّمْسِ

qirbat mā sāchin
قِرْبَةُ مَاءٍ سَاخِنٍ

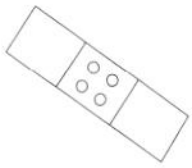
plaster
بْلَاسْتَرْ

saddādat il-āḏān
سَدَّادَةُ الآذَانِ

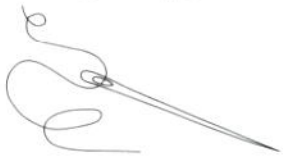
ibrā
إِبْرَةٌ

chajt
خَيْطٌ

dabous mischbak
دَبُّوس مِشْبَكٌ

sirr
زِرّ

EINKAUFEN

ELEKTRO/COMPUTER/FOTO | iliktrūnīāt/computer/kamirāt
إلِكْترونِيات/كُمْبيوتَر/كَامِرات

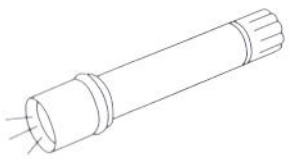

misbāh dschaib
مِصْبَاحُ جَيْبٍ

lamba
لَمْبَةٌ

battārīja
بَطَّارِيَّةٌ

waslat l-qābis
وَصْلَةُ القَابِسِ

hāsūb naqqāl
حَاسُوب نَقَّال

asch-schāhin (li-l-dschawāl)
الشَّاحِن (للجَوَّال)

sī dī / dī vī dī
سي دي / دي في دي

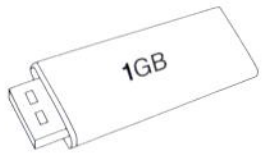

kart dākirā
كَرت ذَاكِرَة

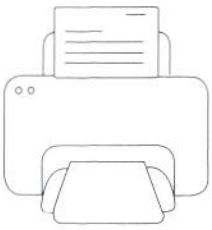

tābi'a
طَابِعَة

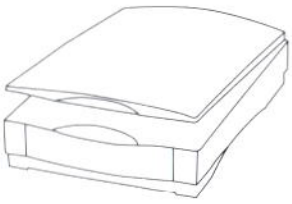

scanner
سكانر

mubajl
موبايل

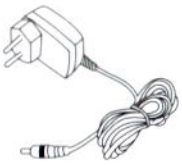

asch-schahin
الشَّاحِن

tilifisjōn
تِلِفِزْيُونٌ

rādjō
رَادْيُو

MP3Player/iPod
م ب ثري بلايير / آي بود

sammā'at ar-rās
سَمَّاعَةُ الرَّأسِ

kāmirā raqamīja
كَامِيرَا رَقمِيَّة

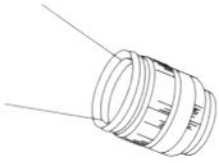

'adasa muqarriba
عَدَسَةٌ مُقَرِّبَةٌ

battārīja
بَطَّارِيَّةٌ

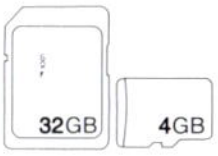

kart dākira
كَرت ذَاكِرَة

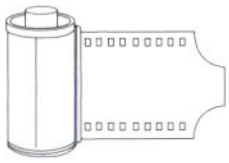

film
فِلْمٌ

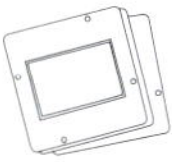

scharīha dawijja
شَرِيحَةٌ ضَوئِيَّةٌ

kāmirā ta'mal tahta l-mā
كَامِيرَا تَعمَلُ تَحْتَ المَاءِ

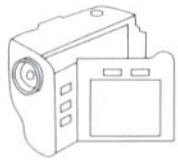

ālat taswīr sīnamāī
آلَةُ تَصْوِيرٍ سِينَمَائِيٌّ

munabbih
مُنبِّهٌ

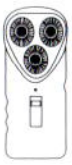

ālat hilāqa kahrabāīa
آلَةُ حِلَاقَةٍ كَهرَبَائِيَةٍ

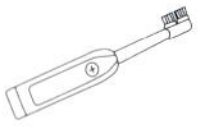

firschāt asnān kahrabāīa
فِرشَاةُ أَسنَانٍ كَهرَبَائِيَةٍ

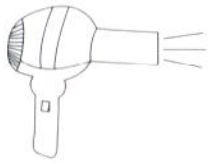

mudschaffif sch-scha'r
مُجَفِّفُ الشَّعْرِ

Antibabypille	hubūb man' il-haml	حُبُوبُ مَنعِ الْحَمْلِ
Antibiotikum	muddādd hajawī	مُضَادٌّ حَيَوِيٌّ
äußerlich	li-l-isti'māl il-chāridschī	لِلاِسْتِعْمَالِ الْخَارِجِيِّ
Brandsalbe	marham didd il-hurūq	مَرْهَمٌ ضِدَّ الْحُرُوقِ
einnehmen	tanāwal/achad̲	تنَاوَلَ/أَخَذَ
Fieberthermometer	mīsān harāra (tibbī)	مِيزَانُ حَرَارَةٍ (طِبِّيٌّ)
Gegengift	tirjāq/didd is-summ	تِرْيَاقٌ/ضِدُّ السُّمِّ
Halstabletten	hubūb li-l-halq	حُبُوبٌ لِلْحَلْقِ
Hustensaft	scharāb didd is-su'āl	شَرَابٌ ضِدَّ السُّعَالِ
Insektenmittel	mubīd hascharāt	مُبِيدُ حَشَرَاتٍ
Insulin	ansūlīn	أَنْسُولِينْ
Jod(tinktur)	jūd/sabghat il-jūd	يُودٌ/صَبْغَةُ الْيُودِ
Kondom	kabbūd/wāqī	كَبُّودٌ/وَاقٍ
Kopfschmerztabletten	aqrās didd is-sudā'	أَقْرَاصٌ ضِدَّ الصُّدَاعِ
Kreislaufmittel	dawā li-adschl id-daura d-damawīja	دَوَاءٌ لِأَجْلِ الدَّوْرَةِ الدَّمَوِيَّةِ
Medikament	dawā	دَوَاءٌ
Mullbinde	ribāt schāsch	رِبَاطُ شَاشٍ
nach dem Essen	ba'd il-akl	بَعْدَ الأَكْلِ
Nebenwirkungen	āt̲ār dschānibīja	آثَارٌ جَانِبِيَّةٌ
Ohrentropfen	qatra li-l-ud̲un	قَطْرَةٌ لِلأُذُنِ
Pflaster	plaster	بْلَاسْتَرْ
Rezept	wasfa	وَصْفَةٌ
Schlaftabletten	aqrās munawwima	أَقْرَاصٌ مُنَوِّمَةٌ
Schmerztabletten	aqrās mussakina	أَقْرَاص مُسَكِّنَة
Sonnenbrand	hurūq isch-shams	حَرُوقِ الشَّمْسِ
vor dem Essen	qabl il-akl	قَبْلَ الأَكْلِ

FRISEUR | (Herren) hallāq/(Damen) kwāfēr | حَلَّاقٌ/كْوَافِيرْ

Kann ich mich für morgen anmelden?	hal astatī' an āchud̲ mau'id li-jaum ghad?	هَلْ أَسْتَطِيعُ أَنْ آخُذَ مَوْعِدًا لِيَوْمِ غَدٍ؟
Waschen und föhnen/legen, bitte.	ghasīl wa tadschfīf/wa laff min fadlak (f -ik).	غَسِيلٌ وَتَجْفِيفٌ/وَلَفٌّ مِنْ فَضْلِكَ.
Schneiden mit/ohne Waschen, bitte.	qass ma'/bidūn ghasīl min fadlak (f -ik).	قَصٌّ مَعَ/بِدُونِ غَسِيلٍ مِنْ فَضْلِكَ.

Etwas kürzer, bitte.	min fadlak (f -ik), aqsar qalīlan.	مِنْ فَضْلَك، أَقْصِر قَلِيلاً.
Nicht zu kurz, bitte.	min fadlak (f -ik), laisa qasīr dschiddan.	مِنْ فَضْلِك، لَيْسَ قَصِيرًا جِدًّا.
Ganz kurz, bitte.	min fadlak (f -ik), qasīr dschiddan.	مِنْ فَضْلِك، قَصِيرًا جِدًّا.
Rasieren, bitte.	ardschūk halq iḏ-ḏaqn.	أَرْجُوكَ حَلْقَ الذَّقْنِ.
Stutzen Sie mir bitte den Bart.	qassir lī l-lihja min fadlak.	قَصِّرْ لِي اللِّحْيَةَ مِنْ فَضْلِكَ.
Vielen Dank. So ist es gut.	schukran dschasīlān, hākaḏā hasan.	شُكْرًا جَزِيلاً، هَكَذَا حَسَنٌ.

Augenbrauen zupfen	nas' il-hawādschib	نَزْعُ الْحَوَاجِب
Bart	lihja	لِحْيَةٌ
färben	sabagha	صَبَغَ
föhnen	dschaffafa	جَفَّفَ
Frisur	tasrīha/tasfīfa	تَسْرِيحَةٌ/تَصْفِيفَةٌ
Haar	scha'r	شَعْرٌ
Haarschnitt	qass isch-scha'r	قَصُّ الشَعْرِ
Pony	ghurra	غُرَّةٌ
Schnurrbart	schārib	شَارِبٌ
Shampoo	schāmbō	شَامْبُو
Spitzen schneiden	qass il-atrāf	قَصُّ الأَطْرَافِ
Strähne	dschadīla	جَدِيلَةٌ
Stufen	muttabbaq	مُطَبَّقٌ
tönen	lawwana	لَوَّنَ

KLEIDUNG | malābis | مَلابِس

Können Sie mir ... zeigen?	hal tastatī' (f tastatī'īn) an turīnī ...?	هَلْ تَسْتَطِيعُ أَنْ تُرِيَنِي ...؟
Kann ich es anprobieren?	hal min il-mumkin an udscharribhu?	هَلْ مِنَ الْمُمْكِنِ أَنْ أُجَرِّبَهُ؟
Welche (Konfektions-) Größe haben Sie?	mā huwa maqāsak (f -ik)?	مَا هُوَ مَقَاسُكَ؟

T-Shirt
تيشِرْت

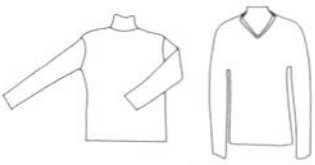

kansa/bulufar
كَنْزَةٌ/بُلُوفَرْ

kansa ma' tāqīa
كَنْزَة مَع طَاقِيَة

sutra/dschākīt
سُتْرَةٌ/جَاكِيتٌ

bantalūn/sirwāl
بَنْطَلُونٌ/سِرْوَالٌ

schūrt
شُورت

tannūra
تَنُّورَةٌ

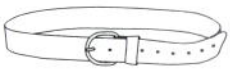

hisām
حِزَامٌ

qamīs nisāī/blūsa
قَمِيصٌ نِسَائِيٌّ/بُلُوزَه

qamīs
قَمِيصٌ

sutrā/dschākīt
سُتْرَةٌ/جَاكِيتٌ

dschākīt sūf
جَاكِيت صُوف

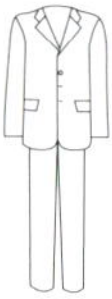

badlā/baḏlā
بَدْلَةٌ/بَذْلَةٌ

fustān/ṯaub
فُسْتَانٌ/ثَوْبٌ

sīj/taqim
زِيّ/طَقِم

mi'taf
مِعْطَفٌ

kōlōn
كُولُونْ

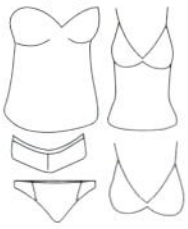

malābis dāchilīja
مَلاَبِس دَاخِلِيَّةٌ

burnus il-hammām
بُرْنُس الْحَمَّامِ

dschawārib/dschawārib tawīlā
جَوَارِبُ/جَوَارِبُ طَوِيْلة

sirwāl is-sibāha/mājō
سِرْوَالُ السِّبَاحَةِ/مَايُوهْ

libās is-sibāha
لِبَاس السِّبَاحَةِ

bīkīnī
بِيكِيني

tāqīja
طَاقِيَةٌ

qubba'a
قُبَّعَةٌ

quffāsāt
قُفَّازَات

schāl
شَالٌ

Das ist mir zu ...	hāḏā ...	هَذا ...
eng/weit.	dajjiq/wāsi' kaṯīr 'alajja.	ضَيِّقٌ/واسِعٌ كَثيرًا عَلَيَّ.
kurz/lang.	qasīr/tawīl kaṯīr 'alajja.	قَصيرٌ/طَويلٌ كَثيرًا عَلَيَّ.
klein/groß.	saghīr/kabīr kaṯīr 'alajja.	صَغيرٌ/كَبيرٌ كَثيرًا عَلَيَّ.
Danke, ich denke nochmals darüber nach.	schukran, sā-ufakkir bihāḏā marra ṯānīa.	شُكراً، سَأُفَكِّر بِهذا مَرَّة ثانية.

LEBENSMITTEL | al-mawādd il-ghiḏāīja | اَلْمَوَادُّ الْغِذَائِيَّةُ

Eine ausführliche Übersicht von Lebensmitteln und Gerichten finden Sie im Kapitel **ESSEN UND TRINKEN** auf Seite 43 ff.

Was darf es sein?	māḏā turīd (f turīdīn)/māḏā tawadd (f tawaddīn)?	مَاذَا تُريدُ/مَاذَا تَوَدُّ؟
Geben Sie mir bitte ...	a'tinī (f a'tīnī) min fadlak (f -ik) ...	أَعْطِني مِنْ فَضْلِكَ ...
100 Gramm ...	miat ghrām ...	مِئَةَ غْرَام ...
ein Kilo ...	kīlō ...	كِيلو ...
ein Stück von ...	qit'a min ...	قِطْعَةً مِنْ ...
eine Packung ...	'ulbat ...	عُلْبَةَ ...
eine Flasche ...	sudschādschat ...	زُجاجَةَ ...
eine Einkaufstüte.	kīs (li-l-muschtarajāt).	كِيسًا (لِلْمُشْتَرَيات).
Danke, das ist alles.	schukran, hāḏā kull schai.	شُكْرًا، هَذَا كُلُّ شَيْءٍ.

Babynahrung	ta'ām ir-rudda'	طَعَامُ الرُّضَّعِ
Bier	bīra > S. 53	بيرَةٌ
Biokost	mawād ghiḏāia 'idwijjā	مَواد غِذائية عُضْوية
Brot	chubs > S. 45, 48	خُبْزٌ
Butter	subda > S. 45, 48	زُبْدَةٌ
Eier	baid > S. 45, 48	بَيْضٌ
Eis	dschīlāti	جيلاتي
Essig	chall	خَلٌّ
Fisch	samak > S. 47, 50	سَمَكٌ
Fleisch	lahm > S. 46, 50	لَحْمٌ
frisch	tāsadsch	طَازَجٌ
Gebäck	ka'k wa fatāir > S. 45, 52	كَعْكٌ وفَطائِرُ
Gemüse	chudar > S. 43, 49 f.	خُضَرٌ

Hackfleisch	lahm mafrūm > S. 50	لَحْمٌ مَفْرُومٌ
Joghurt	laban sabādī > S. 44, 48	لَبَنٌ زَبَادِيٌ
Kaffee	qahwa > S. 47, 52	قَهْوَةٌ
Käse	dschubn > S. 45, 48	جُبْنٌ
Kekse	baskawīt/baskōt	بَسْكَوِيتٌ/بَسْكُوتٌ
Konserven	mu'allabāt	مُعَلَّبَاتٌ
Kuchen	gātō > S. 45, 52	جَاتُوهْ
Marmelade	murabba > S. 48	مُرَبى
Mehl	tahīn/daqīq	طَحِينٌ/دَقِيقٌ
Milch	halīb/laban (äg.) > S. 45, 52	حَلِيبٌ/لَبَنٌ
Mineralwasser	mā ma'danī > S. 47, 52	مَاءٌ مَعْدَنِيٌّ
Nudeln	ma'karūna > S. 51 f.	مَعْكَرُونَة
Nüsse	dschaus > S. 44	جَوْزٌ
Obst	fākiha/fawākih > S. 44, 51 f.	فَاكِهَةٌ/فَوَاكِهُ
Öl	sait	زَيْتٌ
Orangensaft	'asīr burtuqāl > S. 52	عَصِير بُرْتُقَالْ
Pfeffer	fulful	فُلْفُلْ
Sahne	qischda/qischta	قِشْدَةٌ/قِشْطَةٌ
Salat	salata > S. 43, 49	سَلَطَةٌ
Salz	milh	مِلْحٌ
Schokolade	schōkōlāta	شُوكُولاتَةٌ
Suppe	schurba > S. 49	شُرْبَةٌ
Süßigkeiten	sakākir/sukkarījāt > S. 52	سَكَاكِر/سُكَّرِيَّاتٌ
Toast	tōst/chubs muqammar > S. 45	تُوسْتٌ/خُبْزٌ مُقَمَّرٌ
Wein	chamr/nabīḏ > S. 52 f.	خَمْرٌ/نَبِيذٌ
Würstchen	naqāniq > S. 46	نَقَانِقُ
Wurst	sudschuq > S. 46, 48	سُجُقٌ
(ohne) Zucker	(bidūn) sukkar	(بدون) سُكَّر

OPTIKER | mahall in-naḏḏārātī | مَحَلُّ النَّظَّارَاتِيِّ

Würden Sie mir bitte die Brille reparieren?	urīd taslīh in-naḏāra min fadlak (f -ik)?	أُرِيدُ تَصْلِيحَ النَّظَارَةِ مِنْ فَضْلِكَ
Ich bin kurzsichtig/weitsichtig.	'indī qisar/tūl naḏar.	عِنْدِي قِصَرُ/طُولُ نَظَرٍ.

Wie ist Ihre Sehstärke?	mā hija quwwat basarak (f -ik)?	مَا هِيَ قُوَّةُ بَصَرِكَ ؟
rechts plus/minus ...	fī l-jamīn, sāid/nāqis ...	فِي الْيَمِينِ، زَائِدٌ/نَاقِصٌ ...
links plus/minus ...	fī l-jasār, sāid/nāqis ...	فِي الْيَسَارِ، زَائِدٌ/نَاقِصٌ ...
Ich brauche ...	urīd ...	أُرِيدُ ...
Aufbewahrungslösung.	sāil hifḏ.	سَائِلَ حِفْظٍ.
Reinigungslösung.	sāil tanḏīf.	سَائِلَ تَنْظِيفٍ.
für harte/weiche Kontaktlinsen	li-'adasāt lāsiqa salba/tarijja	لِعَدَسَاتٍ لَاصِقَةٍ صَلْبَةٍ/طَرِيَةٍ
Ich suche eine Sonnenbrille.	ufattisch 'an naḏḏāra sawdā/ ufattisch 'an naḏḏārat schams.	أُفَتِّشُ عَنْ نَظَّارَاتٍ سَودَاءَ/ أُفَتِّشُ عَنْ نَظَّارَاتٍ شَمسِيَّةٍ.
Ich suche ein Fernglas.	ufattisch 'an minḏār.	أُفَتِّشُ عَنْ مِنْظَارٍ.

SCHMUCK | hali | حَلْيٌ

Ich möchte ein hübsches Geschenk.	urīd hadīja dschamīla.	أُرِيدُ هَدِيَّةً جَمِيلَةً.

Armband	siwār	سِوَارٌ
Armbanduhr	sā'at jad	سَاعَةُ يَدٍ
Brosche	burōsch/mischbak	بْرُوش/مِشْبَكٌ
echt	aslijj/haqiqijj	أَصْلِي/حَقِيقِيّ
Gold	ḏahab	ذَهَبٌ
Kette	'iqd	عِقْدٌ
Kristall	krīstāl/billaur	كْرِيسْتَالْ/بِلَّوْرٌ
Ohrringe	halaq	حَلَقٌ
Perle	lulua	لُؤْلُؤَةٌ
Ring	chātim/chātam	خَاتِمٌ/خَاتَمٌ
Schmuck	dschawāhir	جَوَاهِرٌ
Silber	fidda	فِضَّةٌ
wasserdicht	sādd li-l-mā	صَادٌّ لِلْمَاءِ

SCHUHGESCHÄFT | mahall il-ahḏija | مَحَلُّ الأَحْذِيَةِ

Ich möchte ein Paar ...schuhe.	urīd saudsch ahḏija ...	أُرِيدُ زَوْجَ أَحْذِيَةٍ ...
Ich habe Schuhgröße ...	qijās ahḏijatī ...	قِيَاسُ أَحْذِيَتِي ...

Sie sind zu eng/groß.	humā dajjiqān/wāsi'ān kaṯīr.	هُما ضَيِّقانِ/واسِعَانِ كَثيرًا.

(mit) Absatz	(ma') ka'b	(مَعْ) كَعْب
Damenschuh	hiḏā nisāī	حِذاء نِسائي
Leder-/Gummisohle	na'l dschildī / na'l mattātī	نَعل جِلْدِي / نَعل مَطّاطي
Männerschuh	hiḏā ridschali	حِذاء رِجالي
Mokassin	mokāssān	مُوكَاسَّانْ
Sandalen	sandal	صَنْدَلٌ
Schuhe	hiḏā (sing)/ahḏija (pl)	حِذَاءٌ / أَحْذِيَةٌ
Schuhcreme	dihān il-ahḏija/būja	دِهَانُ الأَحْذِيَةِ/بُويَه
Stiefel	dschasma/hiḏā schatwī	جَزْمَةٌ/حِذَاءٌ شَتْوِيٌّ
Turnschuh	hiḏā r-rijāda	حِذَاءُ الرِّيَاضَةِ
Wander-/Trekkingschuh	hiḏā li-l-masīr	حِذَاءٌ لِلْمَسِيْرِ

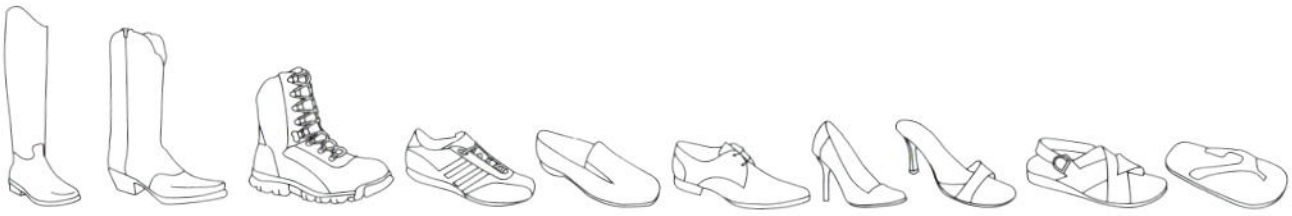

SOUVENIRS | taḏkārāt | تَذْكَارَات

Ich hätte gern ...	awadd / urīd ...	أَودُّ / أُرِيدُ ...
ein schönes Andenken.	taḏkār dschamīl.	تَذْكار جَمِيل.
etwas Typisches aus dieser Gegend.	schai namūḏadschī min hāḏihi l-mintaqa.	شَيْءٌ نَمُوذَجِيٌّ مِنْ هَذِهِ الْمِنْطَقَةِ.
Ich möchte etwas nicht zu Teures.	awadd schai laisa ghālī.	أَوَدُّ شَيْئاً لَيْسَ غَالِي.
Das ist aber hübsch.	hāḏā dschamīl haqqān.	هَذَا جَميلٌ حَقّاً.

echt	aslijj/haqiqijj	أَصْلِيّ/حَقِيْقِيّ
handgemacht	jadawī is-sun'	يَدَوِيُّ الصُّنْعِ
Keramik	chasaf	خَزَفٌ
Mitbringsel	taḏkār	تَذْكَارٌ
regionale Produkte/Spezialitäten	muntadschāt mahallīa/ichtisāsīāt	مُنْتَجَاتٌ مَحَلِّيَّةٌ/اخْتِصَاصِياتٌ
Schmuck	dschawāhir	جَواهِرٌ
Töpferwaren	chasafīāt	خَزَفِياتٌ

> www.marcopolo.de/arabisch

SCHREIBWAREN | qirtāsīja | قِرْطَاسِيَّةٌ

Haben Sie deutsche/englische Zeitungen/Zeitschriften?	hal 'indak (f -ik) suhuf/ madschallāt almānīja/ingilīsīja?	هَلْ عِنْدَكَ صُحُفٌ/مَجَلاَّتٌ أَلْمَانِيَّةٌ/إِنْجِلِيزِيَّة ؟
Ich hätte gern ...	urīd ...	أُرِيدُ ...
einen Reiseführer.	dalīl sījāhī.	دَلِيلاً سِياحِيًّا.

Ansichtskarte	bitāqa musauwara	بِطاقَةٌ مُصَوَّرَةٌ
Bleistift	qalam rasās	قَلَمُ رَصاصٍ
Briefmarke	tābi' l-barīd	طَابِعُ الْبَرِيدِ
Briefpapier	waraq r-rasāil	وَرَقُ الرَّسَائِلِ
Briefumschlag	ḏarf ir-risāla	ظَرْفُ الرِّسَالَةِ
Kugelschreiber	qalam il-hibr il-dschāff	قَلَمُ الْحِبْرِ الْجَافِّ
Landkarte	charīta	خَرِيطَةٌ
Stadtplan	charītat il-madīna	خَرِيطَةُ الْمَدِينَةِ
Straßenkarte	charītat isch-schawāri'	خَرِيطَةُ الشَّوَارِعِ
Wanderkarte dieser Gegend	charīta li-t-tadschwāl fī hāḏihi l-mintaqa	خَرِيطَةٌ لِلتَّجْوَالِ فِي هَذِهِ الْمِنْطَقَةِ
Zeitschrift	madschalla	مَجَلَّةٌ
Zeitung	dscharīda/sahīfa	جَرِيدَةٌ/صَحِيفَةٌ

WIE DIE EINHEIMISCHEN

Insider Tipp

Gold wert

Wie in den altorientalischen Goldsouks von Damaskus oder Aleppo finden Sie auch in den modernen Einkaufszentren der Golfregion die „Goldabteilung". Und wie im traditionellen Souk finden sich nicht selten gleich 30 oder mehr Geschäfte direkt nebeneinander. Dies erleichtert den Vergleich und verspricht zudem durch die Konkurrenz gute Preise (... hier ist Handeln ein Muss). Grundlage jeden Schmuckkaufes ist der tagesaktuelle Gold- oder Diamantenpreis plus Arbeitsaufwand. Diamanten sind grundsätzlich zertifiziert (in Dubai durch ein in den Stein gearbeitetes Hologramm). Gold ist wie international üblich auch in Arabien gestempelt. Gehen Sie also nicht unvorbereitet in die Verhandlung, fragen Sie zunächst in mehreren Geschäften nach Preisen für vergleichbare Stücke.

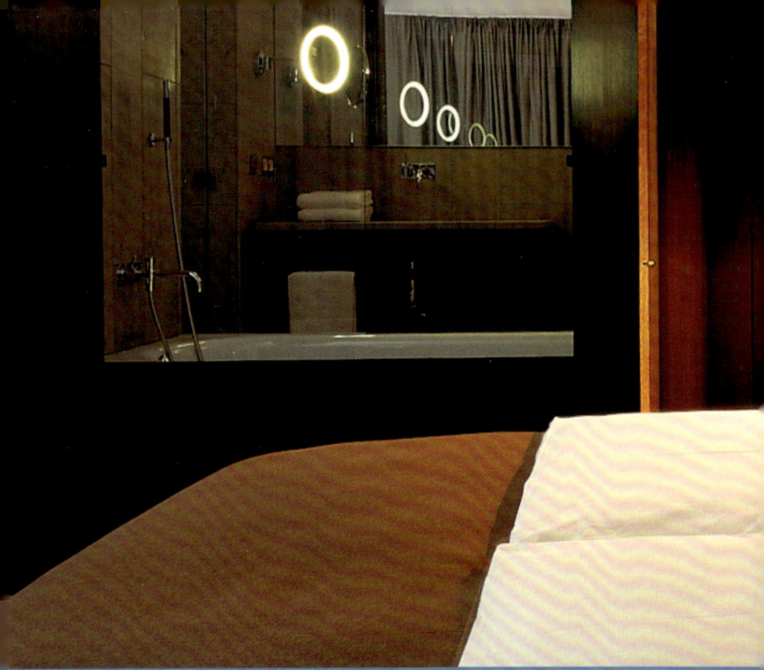

> ZIMMER MIT AUSSICHT

Ob W-LAN im Hotel, die Kinderbetreuung in der Ferienanlage, die Rechnung per Kreditkarte – alles nur eine Frage des Service. Äußern Sie Ihre Wünsche!

AUSKUNFT

Reiseplanung: Seite 10 f.

Können Sie mir bitte ... empfehlen?	hal min il-mumkin an turschidnī (f turschidīnī) ilā ...	هَلْ مِنَ الْمُمْكِنِ أَنْ تُرْشِدَنِي إِلَى ...
ein gutes Hotel	funduq dschajjid	فُنْدُقٍ جَيِّدٍ ؟
eine Pension	nusul/bansjōn	نُزُلٍ /بَنْسِيُونْ ؟
Gibt es hier einen Campingplatz/eine Jugendherberge?	hal jūdschad hunā muchajjam/bait li-sch-schabāb	هَلْ يُوْجَدُ هُنَا مُخَيَّمٌ/بَيْتٌ لِلشَّبَابِ ؟

ÜBER NACHTEN

... IM HOTEL

REZEPTION | maktab il-istiqbāl | مَكْتَبُ الاِسْتِقْبَالِ

Ich habe bei Ihnen ein Zimmer reserviert. Mein Name ist ...	hadschastu ghurfa ladaikum, ismī ...	حَجَزْتُ غُرْفَةً لَدَيْكُمْ، اِسْمِي ...
Haben Sie noch Zimmer frei?	hal ladaikum ghurfa ...	هَلْ لَدَيْكُمْ غُرْفَةٌ ...
... für eine Nacht.	li-laila wāhida	لِلَيْلَةٍ وَاحِدَةٍ؟
... für zwei Tage.	li-jaumain	لِيَوْمَيْنِ؟

... für eine Woche.	li-usbū'	لِأُسْبُوعٍ؟
Ja, was für ein Zimmer wünschen Sie?	na'am, mādā turīd (f turīdīn)	نَعَمْ، مَاذَا تُرِيدُ؟
ein Einzelzimmer	ghurfa li-schachs wāhid	غُرْفَةٌ لِشَخْصٍ وَاحِدٍ ...
ein Zweibettzimmer	ghurfa li-schachsain	غُرْفَةٌ لِشَخْصَيْنِ
mit Dusche	fīhā dūsch	فِيهَا دُوش
mit Bad	fīhā hammām	فِيهَا حَمَّامٌ
Kann ich das Zimmer ansehen?	hal astatī' muschāhadat il-ghurfa	هَلْ أَسْتَطِيعُ مُشَاهَدَةَ الْغُرْفَةِ؟
Was kostet das Zimmer mit ...	kam tukallif il-ghurfa ...	كَمْ تُكَلِّفُ الْغُرْفَةُ ...
Frühstück?	ma'a l-futūr	مَعَ الْفُطُورِ؟
Halbpension?	ma'a wadschbatain	مَعَ وَجْبَتَيْنِ؟
Vollpension?	ma'a talāt wadschabāt	مَعَ ثَلاَثِ وَجَبَاتٍ؟
Bitte meinen Schlüssel.	miftāhī min fadlak (f -ik)	مِفْتَاحِي مِنْ فَضْلِكَ
Wo ist das Restaurant?	aina il-mat'am?	أَيْنَ الْمَطْعَمُ؟

Frühstück: ESSEN UND TRINKEN auf Seite 48

BEANSTANDUNGEN | schakāwā | شَكَاوَى

Das Zimmer ist nicht gereinigt worden.	al-ghurfa lam tunaddaf	اَلْغُرْفَةُ لَمْ تُنَظَّفْ
Die Dusche ...	ad-dūsch ...	الدُّوش ...
Die Spülung ...	as-sīfōn ...	اَلسِّيفُونْ ...
Die Heizung ...	at-tadfia ...	اَلتَّدْفِئَةُ ...
Das Licht ...	al-misbāh/ad-dau ...	اَلْمِصْبَاحُ/اَلضَّوْءُ ...
funktioniert nicht.	lā jaschtaghil	لاَ يَشْتَغِلُ
Es kommt kein (warmes) Wasser.	lā jūdschad mā (sāchin)	لاَ يُوجَدُ مَاءٌ (سَاخِنٌ)

ABREISE | safar/mughādara | سَفَرٌ/مُغَادَرَةٌ

Wann muss ich spätestens auschecken?	matā jadschib an ughādir 'alā āb'ad hadd?	مَتَى يَجِب أَنْ أُغَادِر عَلى أَبعَد حَدّ؟
Ich möchte bitte auschecken.	urīd an ughādir min fadlak	أُرِيدُ أَنْ أُغَادِرَ مِنْ فَضلِكَ

ÜBERNACHTUNG

Ich reise heute Abend/morgen um ... Uhr ab.	usāfir il-jaum masāan/sabāhan is-sā'a ...	أُسافِرُ الْيَوْمَ مَساءً/صَباحًا السَّاعَةَ ...
Machen Sie bitte die Rechnung fertig.	dschahhis (f dschahhisī) lī l-hisāb, min fadlak (f -ik)	جَهِّزْ لِي الْحِسَابَ، مِنْ فَضْلِكَ
Kann ich mit Kreditkarte bezahlen?	hal astatī' id-daf' biwāsitat bitāqat 'timād?	هَلْ أَسْتَطِيعُ الدفْعَ بِواسِطَةِ بِطاقَةِ اعْتِمادٍ؟
Vielen Dank für alles! Auf Wiedersehen!	schukran dschasīlān wa wadā'an	شُكْرًا جَزِيلاً وَوَداعًا!

Abendessen	'aschā	عَشَاءٌ
Adapter	qābis far'ī/fīsch	قَابِسٌ فَرْعِيٌّ/فِيشْ
Anmeldung	tasdschīl	تَسْجِيلٌ
Badezimmer	hammām	حَمَّامٌ
Bett	sarīr	سَرِيرٌ
Bettwäsche	bajādāt s-sarīr/scharāschef	بَيَاضَاتِ السَرِيرِ/شَرَاشِف
Dusche	miraschscha/dūsch	مِرَشَّةٌ/دُوش
Etage	tābiq/daur (äg.)	طَابِقٌ/دَوْرٌ

WIE DIE EINHEIMISCHEN

Insider Tipps

Etwas für jeden Geschmack

Lange Zeit stellte die fehlende oder unzureichende Hotellerie eines der großen Hindernisse bei Reisen in die arabische Welt dar. Heute sind in den Städten Hotels aller Kategorien und für jeden Geldbeutel zu finden. Auf dem Lande wird der anspruchsvolle Kunde jedoch nach wie vor noch Abstriche machen müssen. Oft ist es aber gerade die kleine einfache Herberge (nazl نُزُلٌ), die Einblick in Kultur und Lebensweisen eröffnet. Hier findet man die lokale Küche, gute Tipps, was man am Besten einkaufen kann, was man sich noch so alles anschauen sollte ...

> Die MARCO POLO Reiseführer zu arabischen Ländern bieten Ihnen sicher eine gute Entscheidungshilfe. Besondere Tipps finden Sie auch auf www.marcopolo.de.

Toiletten

Bitte werfen Sie nichts in die Toilette, weil die Abwasserleitungen leicht verstopfen. Für Abfälle gibt es kleine Mülleimer. Es empfiehlt sich Toilettenpapier mitzunehmen, da es auf vielen Toiletten fehlt.

Fenster	nāfiḏa/schubbāk	نَافِذَةٌ/شُبَّاكٌ
Frühstück	futūr	فُطُورٌ
Frühstücksraum	qā’at il-futūr	قَاعَةُ الْفُطُورِ
Halbpension	iqāma ma’a wadschbatain	إِقَامَةٌ مَعَ وَجْبَتَيْنِ
Handtuch	fūta (äg.) /baschkīr (syr.)	فُوطَةٌ / بَشْكِيرٌ
Hauptsaison	al-mausim is-sijāhī	اَلْمَوْسِمُ السِّيَاحِيُّ
Heizung	tadfia	تَدْفِئَةٌ
Kinderbetreuung	ri’ājat il-atfāl	رِعَايَةُ الأَطْفَالِ
Kinderbett	sarīr atfāl	سَرِيرُ أَطْفَالٍ
Klimaanlage	dschihās takjīf il-hawā	جِهَازُ تَكْيِيفِ الْهَوَاءِ
Mittagessen	ghadā	غَدَاءٌ
Nachsaison	mā ba’d il-mausim is-sijāhī	مَا بَعْدَ الْمَوْسِمِ السِّيَاحِيِّ
Pension	nusul/bansjōn	نُزُلٌ/بَنْسِيُونْ
Portier	bawwāb	بَوَّابٌ
Radio	rādjō	رَادْيُو
reinigen	naḏḏafa	نَظَّفَ
Reservierung	hadschs	حَجْزٌ
Restaurant	mat’am	مَطْعَمٌ
Rezeption	maktab il-istiqbāl	مَكْتَبُ الاِسْتِقْبَالِ
Safe	chisāna hadīdīja	خِزَانَةٌ حَدِيدِيَّةٌ
Schlüssel	miftāh	مِفْتَاحٌ
Spiegel	mirā	مِرْآةٌ
Steckdose	maqbis/barīsa (äg.)	مَقْبِسٌ/بَرِيزَهْ
Stecker	qābis/fīscha (äg.)	قَابِسٌ/فِيشَهْ
Toilette	mirhād/tuwālēt	مِرْحَاضٌ/تُوَالِيتْ
Toilettenpapier	waraq il-mirhād	وَرَقُ المِرحَاضِ
Übernachtung	mabīt	مَبِيتٌ
Vollpension	iqāma ma’a ṯalāṯ wadschabāt	إِقَامَةٌ مَعَ ثَلَاثِ وَجَبَاتٍ
Vorsaison	mā qabl il-mausim is-sijāhī	مَا قَبْلَ الْمَوْسِمِ السِّيَاحِيِّ
Waschbecken	maghsala	مَغْسَلَةٌ
Wasser	mā	مَاءٌ
Wasserhahn	hanafīja	حَنَفِيَّةٌ
Zimmer	ghurfa	غُرْفَةٌ
Zimmermädchen	chādima	خَادِمَةٌ

ÜBERNACHTUNG

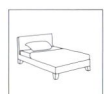

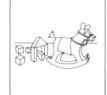

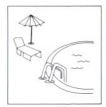

... IM FERIENHAUS

Reiseplanung: Seite 11

Ist der Strom-/Wasserverbrauch im Mietpreis enthalten?	hal tatadamman il-udschra istihlāk il-kahrabā wa-l-mā	هَلْ تتَضَمَّنُ الأُجْرَةُ اسْتِهْلاكَ الكَهْرَبَاءِ وَالْمَاءِ ؟
Sind Bettwäsche und Handtücher vorhanden?	hal milaāt is-sarīr wa il-manāschif mutawaffira?	هَلْ مِلاءاتِ السَّرِيرِ و المَنَاشِفِ مُتَوَفِّرَة ؟
Wo bekommen wir die Schlüssel für das Haus/ die Wohnung?	ajn nastalem mafātīh l-bajt/ sch-schaqqa?	أَيْنَ نَسْتَلِمْ مَفَاتِيحَ الْبَيْتِ / الْشَّقَّة ؟
Müssen wir die Endreinigung selbst übernehmen?	hal jadschib 'alajnā t-tandīf qabl t-taslīm?	هَلْ يَجِبُ عَلَيْنَا التَّنْظِيفُ قَبْلَ التَّسْلِيمِ ؟

Anreisetag	jaum il-wusūl	يَوْمُ الْوُصُولِ
Bettwäsche	bajādāt sarīr	بَيَاضَاتِ سَرِيرٍ
Bungalow	binghālō	بِنْغَالُو
Ferienanlage	mutanassa li-qadā l-idschāsāt	مُتَنَزَّهٌ لِقَضَاءِ الإجَازَاتِ
Ferienhaus	bait mafrūsch (li-l-idschāsa)	بَيْتٌ مَفْرُوشٌ (لِلإِجَازَةِ)
Ferienwohnung	schiqqa mafrūscha (li-l-idschāsa)	شِقَّةٌ مَفْرُوشَةٌ (لِلإِجَازَةِ)
Flaschenöffner	miftāh is-sudschādschāt	مِفْتَاحُ الزُّجَاجَاتِ
Handtuch	minschafa	مِنْشَفَة
Kaution	kafāla	كَفَالَةٌ
Kochnische	matbach saghīr	مَطْبَخٌ صَغِيرٌ
Korkenzieher	miftāh sidādāt s-sudschādschāt	مِفْتَاحُ سِدَادَاتِ الزُّجَاجَاتِ
Miete	udschra	أُجْرَةٌ
Müll	qumāma/subāla	قُمَامَةٌ/زُبَالَةٌ
Mülltrennung	fasl il-fadalāt	فَصْلُ الْفَضَلَاتِ
Nebenkosten	takālīf idāfīja	تَكَالِيفُ إِضَافِيَّةٌ
Schlafzimmer	ghurfat in-naum	غُرْفَةُ النَّوْمِ
Schlüssel	miftāh	مِفْتَاحٌ
Strom	kahrabā	كَهْرَبَاءٌ
vermieten	adschdschara	أَجَّرَ

ÜBERNACHTUNG

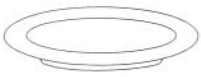
tabaq/sahn
طَبَقٌ/صَحْنٌ

kās / kuūs
كَأْسٌ / كُؤوس

findschān/ fanādschīn
فِنجَان / فَنَاجِينُ

findschān l-baid
فِنْجَانِ الْبَيْضِ

schauka
شَوْكَةٌ

mil'aqa
ملْعَقَةٌ

sikkīn
سِكِّينٌ

mill'aqat qahwā
مِلْعَقَةُ قَهْوَةٍ

mill'aqat it-tahrīk
مِلْعَقَة التَّحريك

mil'aqt tahrīk mubassata
مِلْعَقَةُ تَحريكٍ مُبَسَّطة

mighrafa
مِغرفة

chaffāqat il-baid
خَفَّاقَة البيض

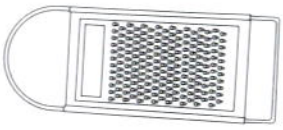
mabschara
مِبْشَرَة

lauhat tachrīt
لَوحةُ تَخْرِيطٍ

misfāt
مِصفَاة

challāt
خَلَّاط

qidr
قِدْرٌ

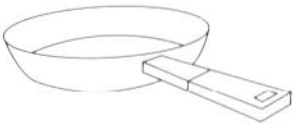
miqlāt
مِقْلاةٌ

subdīja/sabādī
زُبْدِيَّةٌ/زَبَادِي

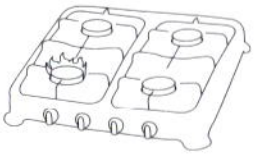
būtūghās/furn ghās
بُوتُوغَازْ/فُرْنُ غَازٍ

furn
فُرْن

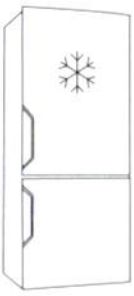
tallādscha/barrād
ثَلاَّجَةٌ/بَرَّادٌ

dschallāja
جَلَّايَةٌ

ghassāla
غَسَّالَةٌ

ghallājjat mā
غَلَّايَةُ مَاءٍ

mākīnat l-qahwa
مَاكِينَةُ الْقَهْوَةِ

misfāt qahwā
مِصْفَاةُ قَهْوَةٍ

toaster
تُوسْتر

miknasa kahrabāīa
مِكْنَسَةٌ كَهْرَبَائِيَةٌ

mimsaha
مِمْسَحَة

mikwāt
مِكْوَاةٌ

habl l-ghasīl
حَبْلُ الْغَسِيلِ

miknasa
مِكْنَسَةٌ

kraik
كُرَيْكٌ

munaddif
مُنَظِّف

satl/dalw
سَطْلٌ/دلْوٌ

... AUF DEM CAMPINGPLATZ

Haben Sie noch Platz für einen Wohnwagen/ein Zelt?	hal ʿindak (f -ik) makān li-maqṭūrat naum/li-chaima	هَلْ عِنْدَكَ مَكَانٌ لِمَقْطُورَةِ نَوْمٍ/لِخَيْمَةٍ ؟
Wie hoch ist die Gebühr pro Tag und Person?	kam il-udschra li-schachs wāḥid fī l-jaum	كَمِ الأُجْرَةُ لِشَخْصٍ وَاحِدٍ فِي الْيَوْمِ ؟
Wir bleiben ... Tage/Wochen.	sa-nabqā ... ajjām/asābīʿ	سَنَبْقَى ... أَيَّامٍ/أَسَابِيعَ
Wo sind ...	ain ...	أَيْنَ ...
die Toiletten?	daurāt il-mijāh/at-tuwālēt	دَوْرَاتُ الْمِيَاهِ/التُّوَالِيتْ ؟
die Waschräume?	al-maghāsil	اَلْمَغَاسِلُ ؟
die Duschen/die Bäder?	al-ḥammāmāt/ad-dūsch	اَلْحَمَّامَاتُ/اَلدُّوشْ ؟
Gibt es hier Stromanschluss?	hal jūdschad hunā machaḏ tajjār kahrabāī	هَلْ يُوجَدُ هُنَا مَأْخَذُ تَيَّارٍ كَهْرَبَائِيٍّ ؟

Benutzungsgebühr	rusūm il-istiʿmāl	رُسُومُ الاِسْتِعْمَالِ
Brennspiritus	sibirtū waqūd	سِبِرْتُو وَقُودٍ
Camping	tachjīm	تَخْيِيمٌ
Campingplatz	muchajjam/makān it-tachjīm	مُخَيَّمٌ/مَكَانُ التَّخْيِيمِ
Dosenöffner	miftāḥ il-ʿulab	مِفْتَاحُ الْعُلَبِ
Flaschenöffner	miftāḥ is-sudschādschāt	مِفْتَاحُ الزُّجَاجَاتِ
Gasflasche	usṭuwānat il-ghāz	أُسْطُوَانَةُ الْغَازِ
Gaskocher	putughāz	بوتوغاز
Grill	schawwāja/manqal	شَوَّايَةٌ/مَنْقَلٌ
Grillkohle	faḥm li-sch-schawwāja	فَحْمٌ لِلشَّوَّايَةِ
Kerzen	schamʿāt	شَمْعَاتٌ
leihen	aʿāra/adschdschara	أَعَارَ/أَجَّرَ
Leihgebühr	rusūm il-istidschār	رُسُومُ الاِسْتِئْجَارِ
Petroleum	kīrūsīn	كِيرُوسِينْ
Petroleumlampe	qindīl	قِنْدِيلٌ
Plastikbeutel	kīs blāstīk	كِيسٌ بْلَاسْتِيكْ
Sonnenschirm	miḏalla	مِظَلَّةٌ
Steckdose	maqbis/barīsa (äg.)	مَقْبِسٌ/بَرِيزَهْ
Stecker	qābis/fīscha (äg.)	قَابِسٌ/فِيشَهْ
Strom	kahrabā	كَهْرَبَاءٌ
Stromanschluss	machaḏ it-tajjār il-kahrabāī	مَأْخَذُ التَّيَّارِ الْكَهْرَبَائِيِّ
Taschenmesser	mitwā/sikkīn dschaib	مِطْوَاةٌ/سِكِّينُ جَيْبٍ

ÜBERNACHTUNG

Trinkwasser	mā sch-schurb	مَاءُ الشُّرْبِ
Voranmeldung	mau'id sābiq	مَوْعِدٌ سَابِقٌ
Wohnmobil	bajt mutanaqel 'alā 'adschalāt	بَيْتٌ مُتَنَقِّلٌ عَلَى عَجَلاتٍ
Wohnwagen	maqtūra li s-sakan	مَقْطُورَةٌ لِلسَّكَنِ
Wasser	mā	مَاءٌ
Zelt	chajma	خَيْمَةٌ

... IN DER JUGENDHERBERGE

Kann ich bei Ihnen ... leihen?	hal astatī' istidschār ...	هَلْ أَسْتَطِيعُ اسْتِئْجَارَ ...؟
Bettwäsche	bajādāt sarīr	بَيَاضَاتِ سَرِيرٍ
einen Schlafsack	kīs naum	كِيسِ نَوْمٍ
Die Eingangstüre wird um ... Uhr geschlossen.	satughlaq l-madachel 'ind s-sa'a ...	سَتُغْلَقُ الْمَدَاخِلِ عِنْدَ السَّاعَةِ ...

Internet	internet	إِنْتَرْنِتْ
Jugendherberge	bait isch-schabāb	بَيْتُ الشَّبَابِ
Jugendherbergsausweis	bitāqat il-'udwīja fī bujūt isch-schabāb	بِطَاقَةُ الْعُضْوِيَّةِ فِي بُيُوتِ الشَّبَابِ
Küche	matbach	مَطْبَخٌ
Schlafsaal	'anbar in-naum	عَنْبَرُ النَّوْمِ
Toilette	daurat il-mijāh/tuwālēt	دَوْرَةُ الْمِيَاه/تُوَالِيتْ
Waschraum	al-maghāsil	الْمَغَاسِلُ

> WAS UNTERNEHMEN WIR?

Ob authentischer Kochkurs, aufregender Trekking-Ausflug oder großer Theaterabend: Lassen Sie sich von den nächsten Seiten helfen, jede Menge Urlaubsabenteuer zu erleben.

AUSKUNFT

Ich möchte einen Stadtplan von ... haben.	urīd charīta li-madīnat ...	أُرِيدُ خَرِيطَةً لِمَدِينَةِ ...
Welche Sehenswürdigkeiten gibt es hier?	mā hija l-ma'ālim il-maudschūda hunā	مَا هِيَ الْمَعَالِمُ الْمَوْجُودَةُ هُنَا ؟
Gibt es Stadtrundfahrten?	hal jūdschad dschaulāt munaḏḏama fī l-madīna	هَلْ يُوجَدُ جَوْلَاتٌ مُنَظَّمَةٌ فِي الْمَدِينَةِ ؟

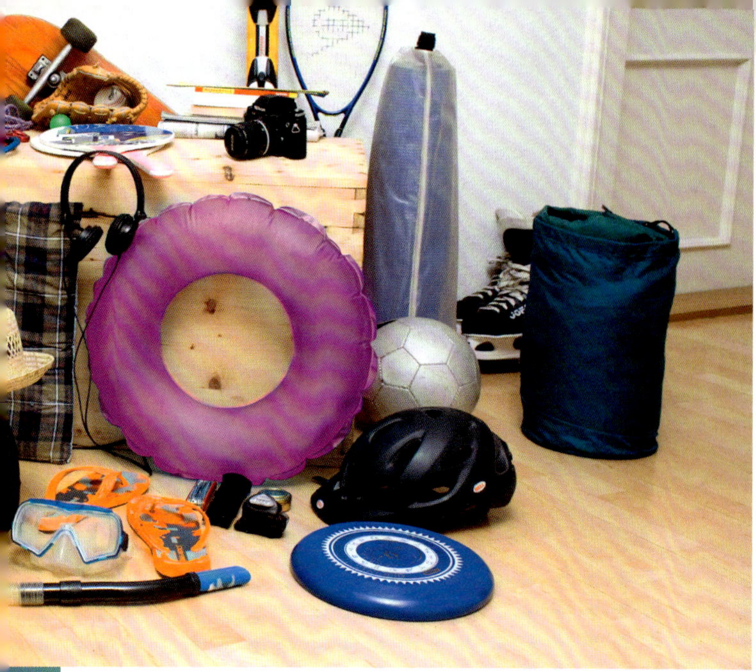

VOLLES PROGRAMM

SEHENSWÜRDIGKEITEN/MUSEEN

Wann ist das Museum geöffnet?	matā jakūn il-mathaf maftūh	مَتَى يَكُونُ الْمَتْحَفُ مَفْتُوحًا ؟
Wann beginnt die Führung?	matā tabda s-sijāra ma'a dalīl	مَتَى تَبْدَأُ الزِّيَارَةُ مَعَ دَلِيلٍ ؟
Gibt es eine Führung auf Deutsch/Englisch?	hal yūdschad sijjāra ma' dalīl bi l-lugha il-almānīja/ il-indschilīsīja?	هَلْ يُوجَدُ زِيَارَة مَع دَلِيْل بِاللُّغَةِ الألْمَانِيَّة/الإنْجَلِيزِيَّة ؟

Abbasiden	al-'abbāsijjūn	العَبّاسيونَ
Altstadt	al-madīna l-qadīma	اَلْمَدِينَةُ الْقَدِيمَةُ
Aramäer, aramäisch	ārāmijjun	آرامِيونَ
Armenier, armenisch	armanijj	أَرْمَني
Ausgrabungen	hafrījāt aṯarīja	حَفْرِيّاتٌ أَثَرِيَّةٌ
Ausstellung	ma'rid	مَعْرِضٌ
Babylon, babylonisch	bābilijjun	بَابِلِيّونَ
Beduinen	badu	بَدْوٌ
Besichtigung	sijāra	زِيَارَةٌ
Bild	sūra/lauha	صُورَةٌ/لَوْحَةٌ
Burg	qal'at	قَلْعَةٌ
byzantinisch	bīzantijj	بِيزَنْطِي
Denkmal	nusub taḏkārī	نُصُبٌ تَذْكَارِيٌّ
Fischerhafen	mīnā sajjādīn	مِينَاءُ صَيَّادِينَ
Fremdenführer	dalīl sijāhī	دَلِيلٌ سِيَاحِيٌّ
Friedhof	maqbara	مَقْبَرَةٌ
Führung	sijāra ma'a dalīl	زِيَارَةٌ مَعَ دَلِيلٍ
islamisch	islāmī	إِسْلامِيٌّ
Kaiser	qaisar/imbarātūr	قَيْصَرٌ/إِمْبَرَاطُورٌ
Kalif	chalīfa	خَلِيفَةٌ
Karawanserei	chān	خَانٌ
Kirche	kanīsa	كَنِيسَةٌ
König/in	malik/malika	مَلِكٌ/مَلِكَةٌ
Maler/in	rassām/rassāma	رَسَّامٌ/رَسَّامَةٌ
Mamelucken	al-mamālīk	المَمَالِيكُ
mesopotamisch	min bilād mā bajn in-nahrajn	مِنْ بِلادِ مَا بَيْنَ النَّهرَينِ
Minarett	mi ḏana	مِئْذَنَةٌ
Moschee	dschāmi'/masdschid	جَامِعٌ/مَسْجِدٌ
Muezzin	muaḏḏin	مُؤَذِّنٌ
Museum	mathaf	مَتْحَفٌ
Muslim/in	muslim/muslima	مُسْلِمٌ/مُسْلِمَةٌ
orientalisch	scharqijjun	شَرقِيونَ
Palast	qasr	قَصرٌ
Pharao	fir'aun	فِرْعَوْنُ
Pyramide	haram	هَرَمٌ
Rathaus	dār il-baladīja	دَارُ الْبَلَدِيَّةِ
Religion	dīn	دِينٌ

VOLLES PROGRAMM

restaurieren	rammama/dschaddada	رَمَّمَ/جَدَّدَ
Ruine	chirba	خِرْبَةٌ
schiitisch	schīʾijj	شِيعِي
Sehenswürdigkeiten	maʾālim	مَعَالِمُ
Stadtrundfahrt	dschaula fī l-madīna	جَوْلَةٌ فِي الْمَدِينَةِ
Sultan	sultān	سُلْطَانٌ
sunnitisch	sunnijj	سُنِّيّ
Turm	burdsch	بُرْجٌ

AUSFLÜGE

Wann treffen wir uns?	matā naltaqī	مَتَى نَلْتَقِي ؟
Kommen wir am/an ... vorbei?	hal namurr amām ...	هَلْ نَمُرُّ أَمَامَ...؟
Besuchen wir auch ...?	hal sa-nasūr ... aidan	هَلْ سَنَزُورُ ... أَيْضًا ؟
Wie viel freie Zeit haben wir in ...?	kam lanā min waqt il-farāgh fī...	كَمْ لَنَا مِنْ وَقْتِ الْفَرَاغِ فِي....؟
Wann fahren wir zurück?	matā sa-naʾūd	مَتَى سَنَعُودُ ؟

WIE DIE EINHEIMISCHEN

Insider Tipp

Streng geheim!

Fotografieren ist in manchen Gegenden der arabischen Welt ein sensibles Thema: Zum einen möchten die Menschen nicht abgelichtet werden (immer vorher fragen oder Blickkontakt aufnehmen). Zum anderen ist Vorsicht geboten, wenn man innerhalb der Städte fotografieren möchte: Leicht schleicht sich da ein Regierungsgebäude ins Bild, was abzulichten strengstens verboten ist. Also, wenn ein Polizist in der Nähe ist, freundlich fragen! „Darf ich ein Foto machen?" mumkin achuḏ sūra? مُمْكِن آخُذ صُورَة؟ Meist wird er zustimmen, manchmal auch verlangen, dass er mit aufs Bild kommt!

> Fotografieren: S. 113

Ausflug	nusha	نُزْهَةٌ
Aussichtspunkt	makān in-naḏari/makān mutill	مَكَانُ النّظَرِ/مَكَانٌ مُطِلّ
Gebirge	dschibāl	جِبَالٌ
Geländewagen	four wheel drive	فُور وِيل دْرَايف
Höhle	kahf	كَهْفٌ
Markt	sūq	سُوقٌ
See	bahr	بَحْرٌ
Wallfahrtsort	makān juhadschdsch ilajh	مَكَانٌ يُحَجُّ إِلَيه

AM ABEND

CLUB | nādī | نَادٍ

Gibt es hier eine gemütliche Kneipe?	hal tūdschad hunā hāna murīha?	هَلْ تُوجَدُ هُنَا حَانَةٌ مُرِيحَةٌ ؟
Gibt es hier einen Club?	hal jūdschad nādī hunā?	هَلْ يُوجَد نَادِي هُنَا ؟
Welche Musikrichtung wird hier gespielt?	aija nau' min l-mūsīqā tu'saf hunā?	أَيَّ نَوع مِنَ المُوسِيقَا تُعزَفُ هُنَا ؟
Wo werden Bauchtänze aufgeführt?	ain tuqaddam 'urūd li-raqs hass il-batn	أَيْنَ تُقَدَّمُ عُرُوضٌ لِرَقْصِ هَزِّ البَطْنِ ؟
Welche Musikrichtung wird hier gespielt?	aija nau' min il-mūsīqā tu'saf hunā?	أَيَّ نَوع مِنَ المُوسِيقَا تُعزَفُ هُنَا ؟
Ein Bier, bitte.	bīra min fadlak (f -ik)	بِيرَةٌ مِنْ فَضْلِكَ
Diese Runde übernehme ich.	hāḏihi l-marra adfa' anā	هَذِهِ المَرَّة أَدْفَعُ أَنَا
Wollen wir tanzen?	a-narqus?	أَنَرْقُصُ ؟

ausgehen	charadscha	خَرَجَ
Band	firqa mūsīqīja/bānd	فِرْقَةٌ مُوسِيقِيَّةٌ/بَانْدْ
Bar	bār	بَارٌ
Club/Diskothek	nādī/diskō	نَادٍ/دِيسْكُو
DJ	dīskū dschūkī	دِيسكو جوكي
Folklore	folklōr	فُولْكْلُورْ
Kneipe	bār/hāna	بَارٌ/حَانَةٌ
Livemusik	mūsīqā hajja	مُوسِيقَى حَيَّةٌ
Nachtclub	nādi lailī	نَادٍ لَيْلِيٌّ

VOLLES PROGRAMM

Party	hafla	حَفلَةٌ
Show	'ard	عَرْضٌ
Tanzkapelle	firqat ir-raqs/dschauqat ir-raqs	فِرْقَةُ الرَّقْصِ/جَوْقَةُ الرَّقْصِ
tanzen	raqasa	رَقَصَ
Türsteher	bawwāb	بَوَّابٌ

THEATER/KONZERT/KINO | masrah/hafla mūsīqīja/sīnamā مَسْرَحٌ/حَفْلَةٌ مُوسِيقِيَّةٌ/سِينَمَا

Haben Sie einen Veranstaltungskalender für diese Woche?	hal 'indakum barnāmadsch li-hafalāt hāda l-usbū'	هَلْ عِنْدَكُمْ بَرْنَامَجٌ لِحَفلَاتِ هَذَا الأُسْبُوعِ؟
Wann beginnt die Vorstellung?	matā tabtadi l-hafla	مَتَى تَبْتَدِئُ الْحَفْلَةُ؟
Wo bekommt man Karten?	ain tubā' it-tadākir	أَيْنَ تُبَاعُ التَّذَاكِرُ؟
Bitte zwei Plätze zu ...	min fadlak (f -ik) mahallain li-...	مِنْ فَضْلِكَ مَحَلَّيْنِ لِ ...

Ballett	raqs ta'bīrī/bālē	رَقْصٌ تَعْبِيرِيٌّ/بَالِيه
Eintrittskarte	tadkirat duchūl	تَذْكِرَةُ دُخُولٍ
Festival	mahradschān	مَهْرَجَانٌ
Film	film	فِلْمٌ
Kasse	schubbāk it-tadākir	شُبَّاكُ التَّذَاكِرِ
Kino	sīnamā	سِينَمَا
Konzert	hafla mūsīqīja	حَفْلَةٌ مُوسِيقِيَّةٌ
Musical	masrahīja ghināīja chafīfa	مَسْرَحِيَّةٌ غِنَائِيَّةٌ خَفِيفَةٌ
Oper	ōberā/masrahīja ghināīja	أُوبِرَا/مَسْرَحِيَّةٌ غِنَائِيَّةٌ
Schauspiel	masrahīja	مَسْرَحِيَّةٌ

WIE DIE EINHEIMISCHEN

Insider Tipp

Geschichtenerzähler

In manchen Altstadtkaffeehäusern (maqāhī l-madīna l-qadīma مَقَاهِي الْمَدِينَةِ الْقَدِيمَةِ) findet man noch den Hakawati (Geschichtenerzähler). Zumeist alte Männer lauschen nach jahrhundertealter Tradition den Geschichten. Und während man im Hintergrund das Blubbern der Wasserpfeifen hört, unterbricht der Hakawati seine Geschichte immer genau da, wo es spannend wird. Und wie es weitergeht, erfährt man erst am nächsten Abend, immer nach dem Abendgebet.

Theaterstück	masrahīja	مَسْرَحِيَّةٌ
Veranstaltungskalender	barnāmadsch il-hafalāt	بَرْنَامَجُ الْحَفَلاَتِ
Vorstellung	hafla/tamṯīl	حَفْلَةٌ/تَمْثِيلٌ
Vorverkauf	hadschs it-taḏākir	حَجْزُ التَّذَاكِرِ

FESTE/VERANSTALTUNGEN | a'jād/haflāt | أعياد/حَفَلات

Könnten Sie mir bitte sagen, wann das ...-Festival stattfindet?	min fadlak, hal tastatī' an taqūl lī, matā juqām mahradschān l...	مِنْ فَضْلِك، هَلْ تَسْتَطِيعُ أَنْ تَقُولَ لِي، مَتَى يُقَام مَهْرَجَانُ ال...
vom ... bis ...	min ... hattā ...	مِنْ... حَتَّى ...
jedes Jahr im August	kull sana fī schahr āb/aghustus	كُلَّ سَنَةٍ فِي شَهْرِ آب/أَغُسْطُس
alle 2 Jahre	kull sanatain	كُلَّ سَنَتَيْنِ

STRAND UND SPORT

IM SCHWIMMBAD/AM STRAND | fīl-masbah/'alā schāti l-bahr في الْمَسْبَحِ/عَلَى شَاطِئِ الْبَحْرِ

Ist es für Kinder gefährlich?	hal hāḏa chatir li-l-aulād	هَلْ هَذَا خَطِرٌ لِلأَوْلاَدِ؟
Wann ist Ebbe/Flut?	matā jakūn il-dschasr/il-madd	مَتَى يَكُونُ الْجَزْرُ/الْمَدُّ؟
Gibt es hier ein ...	hal jūdschad hunā	هَلْ يُوجَدُ هُنَا ...
Freibad?	masbah makschūf	مَسْبَحٌ مَكْشُوفٌ؟
Hallenbad?	masbah mughatta	مَسْبَحٌ مُغَطَّى؟

Badestrand	schāti l-bahr	شَاطِئُ الْبَحْرِ
Dusche	dūsch/miraschscha	دُوشْ/مِرَشَّةٌ
Kiosk	kuschk	كُشْك
Luftmatratze	firāsch junfach	فِرَاشٌ يُنْفَخُ
Nichtschwimmer	lā ja'rif is-sibāha	لاَ يَعْرِفُ السِّبَاحَةَ
Qualle	riat il-bahr	رِئَةُ الْبَحْرِ
Sand	raml	رَمْلٌ
schwimmen	sabaha	سَبَحَ
Schwimmer/in	sābih/sābiha	سَابِحٌ/سَابِحَةٌ

VOLLES PROGRAMM

Sonnenschirm	miḏalla/schamsīja	مِظَلَّةٌ/شَمْسِيَّةٌ
Strömung	tajjār	تَيَّارٌ
Umkleidekabine	hudschrat tabdīl l-malābis	حُجْرَةُ تَبْدِيلِ الْمَلَابِسِ
Windschirm	hādschib ir-rīh	حَاجِبُ الرِّيحِ

AKTIVURLAUB/SPORT | ʿutla rījādīa/rījāda | عُطْلَة رِياضِيَّة/رِياضة

Welche Sportmöglichkeiten gibt es hier?	ajj l-alʿāb ir-rijādīja jumkin an jalʿab il-mar hunā?	أَيُّ الْأَلْعَابِ الرِّيَاضِيَّةِ يُمْكِنُ أَنْ يَلْعَبَ الْمَرْءُ هُنَا؟
Gibt es hier ...?	hal jūdschad hunā?	هَلْ يُوجَدُ هُنَا ...؟
Wo kann ich ... ausleihen?	ain jumkin an astadschir ...?	أَيْنَ يُمْكِنُ أَنْ أَسْتَأْجِرَ ...؟
Kann ich mitspielen?	hal jumkin an uschārik fi-l-laʿb?	هَلْ يُمْكِنُ أَنْ أُشَارِكَ فِي اللَّعِبِ؟
Ich möchte einen ...kurs machen.	urīd an aʿmal daura fī ...	أُرِيدُ أَنْ أَعْمَلَ دَوْرَةً فِي ...

Eintrittskarte	taḏkirat id-duchūl	تَذْكِرَةُ الدُّخُولِ
Ergebnis	natīdscha	نَتِيجَةٌ
gewinnen	rabiha	رَبِحَ
Kasse	schubbāk it-taḏākir	شُبَّاكُ التَّذَاكِرِ
Kurs	daura	دَوْرَةٌ

WIE DIE EINHEIMISCHEN

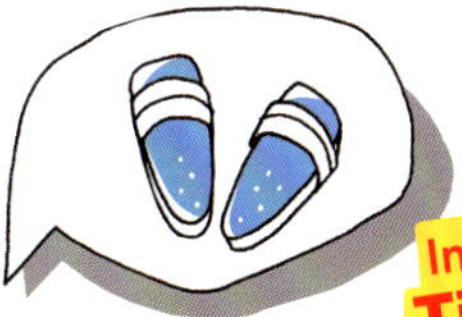

Insider Tipp

Hammam – traditionell baden

Bei einem Besuch in einem Hammam, einem arabischen oder auch türkischen Bad, taucht man tief in die arabische Kultur ein. Meist in den Souks der Altstädte gelegen, aber auch in modernen Hotels im Spa-Bereich zu finden, ist das Hammam ein Ort des Entspannens. Die Bäder sind zu bestimmten Zeiten für Männer oder für Frauen geöffnet. Man kann verschiedene Anwendungen wie Massagen oder ein historisches Scrabbing oder Peeling genießen. Das Dampfbad gehört dazu und in manchen Bädern ein großer, heißer Stein. Im Anschluss an das Bad wird man in warme, trockene Tücher gehüllt und ruht bei einer Tasse Blütentee (Suhurāt) noch eine Weile. Achtung: auch wenn nur gleichgeschlechtliche Menschen anwesend sind, so entblößt man sich doch nie vollkommen. Ein Tuch – mindestens von der Hüfte bis zum Knie – sollte vor Blicken schützen.

Mannschaft	farīq	فَرِيقٌ
Rennen	sibāq	سِبَاقٌ
Schiedsrichter	hakam	حَكَمٌ
Spiel	mubārā	مُبَارَاةٌ
verlieren	chasir	خَسِرَ
Wettkampf	mubārā/munāfasa	مُبَارَاةٌ/مُنَافَسَةٌ

WASSERSPORT ar-rījāda il-māijia الرِّيَاضَةُ الْمَائِيَّة

Ich möchte ... mieten.	urīd an astadschir	أُرِيدُ أَنْ أَسْتَأْجِرَ ...
ein Boot	qārib	قَارِبا
ein Paar Wasserski	chaschabatai tasahluq 'alā l-mā	خَشَبَتَيْ تَزَحْلُقٍ عَلَى الْمَاء
Was kostet es pro Stunde/Tag?	māḏā jukallif bi-s-sā'a/bi-n-nahār	مَاذَا يُكَلِّفُ بِالسَّاعَةِ/بِالنَّهَارِ؟
Bootsverleih	tadschīr il-qawārib	تَأْجِيرُ الْقَوَارِبِ
Motorboot	qārib bi-muharrik	قَارِبٌ بِمُحَرِّكٍ
Regatta	sibāq s-sawāriq	سِبَاقُ الزَّوَارِقِ
Rückholservice	chidmat l-i'ada	خِدْمَةُ الإعَادَةِ
Ruderboot	qārib it-tadschḏīf	قَارِبُ التَّجْذِيفِ
Rudern	dschaḏḏafa	جَذَّفَ
Segelboot	sauraq schirā'ī	زَوْرَقٌ شِرَاعِيٌّ
segeln	abhara bi-sauraq schirā'ī	أَبْحَرَ بِزَوْرَقٍ شِرَاعِيٍّ
Segelschule	madrasat l-qawāreb l-schirā'ijja	مَدْرَسَةُ الْقَوَارِبِ الشِّرَاعِيَةِ
Segeltörn	rihla bahrjia	رِحْلَةٌ بَحْرِيَّةٌ
Surfbrett	lauh it-tasahluq 'alā l-mā bi-schirā'	لَوْحُ التَّزَحْلُقِ عَلَى الْمَاءِ بِشِرَاعٍ
Surfen	at-tasahluq 'alā l-mā bi-schirā'	التَّزَحْلُقُ عَلَى الْمَاءِ بِشِرَاعٍ
Surfschule	madrasat j-jasahluq 'ala l-lmā	مَدْرَسَةُ التَّزَحْلُقِ عَلَى الْمَاءِ
Wasserski	at-tasalludsch 'alā l-mā (bi-l-lauh)	التَّزَلُّجُ عَلَى الْمَاءِ (بِاللَّوْحِ)
Windsurfen	at-tasahluq 'alā l-mā (bi-l-schirā')	التَّزَحْلُقُ عَلَى الْمَاءِ (بِالشِّرَاعِ)

TAUCHEN al-ghaus الغَوص

Gerätetauchen	al-ghaus	الغَوصُ
Neoprenanzug	Badlat il-ghaus	بَدْلَةُ الغَوصِ
Sauerstoffgerät	adschhisat il-ghaus	أَجْهِزَةُ الغَوصِ
Schnorchel	unbūb it-tanaffus	أُنْبُوبُ التَّنَفُّسِ
Schnorcheln	snorkel	سْنُرْكِل
Schwimmflossen	sa'ānif is-sibāha	زَعَانِفُ السِّبَاحَةِ

tauchen	ghatasa	غَطَسَ
Taucherausrüstung	'uddat il-ghattās	عُدَّةُ الْغَطَّاسِ
Taucherbrille	naddārat il-ghattās	نَظَّارَةُ الْغَطَّاسِ
Tauchschule	madrasat il-ghaus	مَدرَسَةُ الغَوصِ

BALLSPIELE al'āb il-kura أَلعَابُ الكُرَةِ

Ball	kura	كُرَةٌ
Basketball	kurat is-salla	كُرَةُ السَّلَّةِ
Fußball	kurat il-qadam	كُرَةُ الْقَدَمِ
Fußballmannschaft	farīq kurat il-qadam	فَرِيقُ كُرَةِ الْقَدَمِ
Fußballplatz	mal'ab kurat il-qadam	مَلْعَبُ كُرَةِ الْقَدَمِ
Fußballspiel	mubāra fī kurat il-qadam	مُبَارَاةٌ فِي كُرَةِ الْقَدَمِ
Handball	kurat il-jad	كُرَةُ الْيَدِ
Spiel	mubārā	مُبَارَاةٌ
Tor	hadaf	هَدَفٌ
Torwart	hāris il-marma	حَارِسُ الْمَرْمَى
Volleyball	al-kura t-tāira	اَلْكُرَةُ الطَّائِرَةُ

TENNIS UND ÄHNLICHES at-tinis wa mā schābahahu التِّنِس و مَا شَابَهَهُ

Badminton	lu'bat ir-rīscha it-tāira	لُعبَةُ الرِّيشَةِ الطائِرَةِ
Squash	skwāsch	سْكْوَاش
Tennis	tinis	تِنِسْ
Tennisschläger	midrab it-tinis	مِضْرَبُ التِّنِسْ
Tischtennis	kurat it-tāwila	كُرَةُ الطَّاوِلَةِ

FITNESS- UND KRAFTTRAINING al-līāqa il-badanija wa al'āb il-qiwā اللِّيَاقَة البَدَنِية و أَلعَاب القِوى

Aerobic	īrōbik	إِيرُوبِيك
Fitnesscenter	markiz li-il-lajāqa l-badanijja	مَرْكِزِللِيَاقَةِ الْبَدَنِيةِ
joggen	al-harwala	الهَرْوَلَة
Konditionstraining	tamrīnāt rījādija	تَمرِينَات رِيَاضِيّة
Krafttraining	al'āb il-qiwā	أَلعَاب القِوى
Yoga	jūgā	يُوغَا

WELLNESS rījādat il-istidschmām (wellness) رِيَاضَة الإستِجمَام (ويللِنِس)

Dampfbad	hammām buchār	حَمَّام بُخَار
Massage	massādsch	مَسَّاج
Sauna	sāwnā	سَاوْنَا

Solarium	sōlārijum	سُولارْيُومْ
Whirlpool	dschākūsī	جَاكُوزي

RADFAHREN rakiba darrādscha hawāija رَكِبَ دَرَّاجَةً هَوَائِيَّةً

Fahrrad	darrādscha	دَرَّاجَةٌ
Fahrradhelm	chauḏat il-darrādscha	خوذَةُ الدَرَّاجةِ
Flickzeug	adawāt it-tarqī'	أَدَوَاتُ التَّرْقِيع
Luftpumpe	midachcha hawāijja	مِضَخَّةٌ هَوائِيَّةٌ
Mountainbike	darrādscha turkab fī l-manātiq l-dschabalijja	دَرَّاجَةٌ تُرْكَبُ فِي الْمَنَاطِقِ الْجَبَلِيَّةِ
Rad fahren	rakiba darrādscha hawāija	رَكِبَ دَرَّاجَةً هَوَائِيَّةً
Rennrad	darrādschat l-sibāq	دَرَّاجَةُ السِّبَاقِ
Schlauch (Reifen)	'adschala dāchilīja	عَجَلَةٌ دَاخِلِيَّةٌ

WANDERN UND BERGSTEIGEN al-masīr wa tasalluq il-dschibāl المَسِير و تسلُّق الجِبال

Ich möchte eine Bergtour machen.	urīd an atanazzah fi il-dschibāl	أُرِيدُ أَنْ أَتَنَزَهَ فِي الجِبَالِ
Können Sie mir eine interessante Route auf der Karte zeigen?	hal mina l-mumkin an turijni tarīq mumti' 'ala il-charīta	هَلْ مِنَ الْمُكِنِ أَنْ تُرِيَنِي طَرِيقًا مُمْتِعًا عَلَى الْخَرِيطَةِ ؟

Bergführer	dalīl fī il-dschabal	دَلِيل فِي الجَبَل
Bergsteigen	tasalluq il-dschibāl	تَسَلُّقُ الْجِبَالِ
Wanderkarte	charīta li-t-tadschwāl	خَرِيطَةٌ لِلتَّجْوَالِ
Wanderweg	tarīq li-t-tadschawwul	طَرِيقٌ لِلتجولِ

REITEN rukūb il-chail رُكُوب الخَيل

Ausritt	nusha 'alā sahwat il-dschawād	نُزْهَةٌ عَلَى صَهْوَةِ الْجَوَادِ
Pferd	hisān	حِصَانٌ
reiten	rakiba dschawād	رَكِبَ جَوَادًا
Sattel	maq'ad id-darrādscha	مَقْعَدُ الدَّرَّاجَةِ

GOLF golf غُولْفْ

Abschlag	nuqtat il-intilaq	نقطَةُ الإنطِلأقِ
Golf	golf	غُولْف
Golfplatz	mal'ab golf	مَلْعَبُ غُولْف
Golfschläger	midrab golf	مِضْرَبُ غُولْف

Greenfee	greenfee (rusūm lidschaula wāhida)	غرينفِي (رُسومٌ لِجَولةٍ واحِدةٍ)
Parcours	mal'ab il-golf	مَلعَبُ الغُولف

IN DER LUFT fī-l-dschauw فِي الجَوّ

Drachenfliegen	tāira schirā'īa	طَائِرَةٌ شِراعِية
Fallschirmspringen	qafs bi-il-midalla	قَفْزٌ بالِمظَلة
Gleitschirm	taiarān midallī	طَيران مِظَلي
Paragliding	al-qafs bi-l-midallat	اَلْقَفْزُ بِالْمِظَلة
Segelfliegen	tajarān schirā'ijj	طَيرانٌ شِراعِيٌّ

KURSE | dawrāt tadrībijja | دَوْرَاتٌ تَدْرِيْبِيةٌ

Ich interessiere mich für ...	anā rāgheb bi/anā muhtamm bi ...	أنَا رَاغِبٌ ب/أنَا مُهْتَمٌّ ب ...
einen ...-Sprachkurs	dawrat lugha	دَوْرَةُ لُغةٍ
für Anfänger	lilmubtadiīn	لِلْمُبْتَدِئِين
für Fortgeschrittene	lilmutaqaddimīn	لِلْمُتَقَدِّمِين
Sind Vorkenntnisse erforderlich?	hal l-ma'rifa l-musbaqa darwūrijja?	هَلْ الْمَعْرِفَةُ الْمُسْبَقَةُ ضَرُورِيَّة ؟
Bis wann muss man sich anmelden?	ilā matā nastatī' t-tasdschīl?	إلى مَتَى نَسْتَطِيعُ التَّسْجِيل ؟
Sind die Materialkosten inklusive?	hal kulfat l-mawād mutaddamana bi s-si'r?	هَلْ كُلفةُ الْمَوادِ مَتضَمَّنة بِالسِّعرِ ؟
Was ist mitzubringen?	mādā jadscheb an nuhdir ma'ana?	مَاذا يَجِبُ أنْ نُحْضِرَ مَعَنَا ؟

Aktzeichnen	rasm l-adschām l-' ārija	رَسمُ الأجْسَام العَارِيَة
Aquarellmalen	ar-rasm l-māij	الرَّسم الْمَائِي
Bauchtanz	ar-raqs l-scharqij	الرَّقص الشَّرقِي
Fotografieren	sawwar	صَوَّرَ
Goldschmieden	sijāghatu d-dahab	صِياغَةُ الذَّهَب
Kochen	tabach	طَبَخَ
Kurs	dawra	دَوْرَةٌ
Ölmalerei	ar-rasm l-saijtij	الرَّسْمُ الزَّيْتِي
Trommeln	an-naqr 'ala t-tabl	النَّقر عَلى الطَّبْلِ
Workshop	waschat 'amal	وَرْشَةُ عَمَلٍ

eine Million

(wörtl. ein Hase)

أَرْنَب arnab

> MEHR ALS NUR SPACHE

Wenn das Wörterbuch schlapp macht und Sie nur noch Bahnhof verstehen, dann handelt es sich um einen klaren Fall von: Achtung! Slang

WERDEN SIE ZUM INSIDER

Wer kennt sie nicht, diese Situation: Sie haben in einem fremdsprachigen Land Kontakt gefunden und lauschen angeregt den Gesprächen Ihrer neuen Freunde – und da sind sie, diese mysteriösen Worte, die bei Ihnen nur ein großes Fragezeichen hinterlassen. Denn es gibt jene Vokabeln und Wendungen, die im Wörterbuch stehen, und dann gibt es jene, die auf der Straße gesprochen werden. Damit auch Sie zum Insider werden, haben wir sie für Sie aufgespürt: die authentischen, die wichtigsten und witzigsten Slangausdrücke. Oft ist Umgangssprache lokal geprägt, und die Aussprache kann von Region zu Region variieren. Wenn es aber einen Slang gibt, der in großen Teilen der arabischen

> S. 101

ACHTUNG! SLANG

Insider Tipps

Welt verstanden wird, dann der ägyptische: Das Hollywood der arabischen Welt ist Kairo und der ägyptische Dialekt deshalb in aller Ohr … Nicht alle Wendungen, die hier vorkommen, sind unbedingt höflich, auch wenn die arabische Sprache nur wenig wirklich „harte“ Ausdrücke kennt. Dennoch ist vor allem bei den Schimpfwörtern und Flüchen Vorsicht angesagt. Umso freundlicher wird man diejenigen begrüßen, die die religiösen Formeln beherrschen, die in der Alltagssprache eine große und wichtige Rolle spielen.
Viel Spaß beim Lesen und beim Erweitern Ihres Wortschatzes!

HINWEIS ZUR TRANSKRIPTION

Im ägyptischen Dialekt gibt es ein paar phonetische Besonderheiten, die aber alle in die einfache Lautschrift umgesetzt wurden, so dass die richtige Aussprache keine Probleme bereiten sollte. Sofern im Arabischen die Femininform von der Maskulinform abweicht, wurde diese in Klammern dahinter gesetzt. Bei der Vokalisation wurde immer die Maskulinform genommen, es sei denn, die Schreibweise unterscheidet sich. Dann wurden beide Formen aufgenommen.

ALLTAG

GEPRIESEN SEI ALLAH!

Gott (= Allah) ist bei fast allen Arabern präsent. Er bestimmt ihr Leben, somit ist auch ihre Sprache von religiösen Ausdrücken und Redensarten geprägt.

إِن شَاءْ اللهْ	in schā allāh	**Hoffentlich** (wörtl. so Gott will)
الحَمْدُ اللهْ!	al-hamdu l-illāh!	**Zum Glück/Gott sei Dank!** (wörtl. gepriesen sei Gott!)
مَا شَاءْ اللهْ!	mā schā' allāh!	**Ach Mensch! Na, so was!** (wörtl. So hat es Gott gewollt.)
العَبْدْ فِي الْتَفْكِيرْ وَالْرَبْ فِي الْتَدْبِيرْ	al-abd fī l-tafkīr wa-l-rabb fī tadbīr	**Der Mensch denkt, Gott lenkt.**
اللهْ أَكْبَرْ	allāhu akbar	**Gott ist groß (im Sprachgebrauch dann verwendet, wenn man erstaunt oder beeindruckt ist, also bemerkt, was Gott alles schafft)**
لا إلاهْ إلا اللهْ	lā illāh ilā llāh	**Es gibt keinen Gott außer Gott (Abschiedsworte)**
وَمُحَمَدْ رَسُولْ اَللهْ	wa-muhammad rasūlu allāh	**Antwort: Und Mohammed ist sein Prophet**

BEGRÜSSEN UND VERABSCHIEDEN

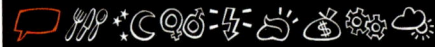

صَبَاحْ اِلْفُلّ	sabāh el-full	**Guten Morgen** (wörtl. einen Morgen des Jasmins)
صَبَاحْ اِلْقِشْطَة	sabāh el-ischta	**Antwort: Guten Morgen** (wörtl. einen Morgen der Sahne)

صَبَاحْ اِلْسُكَرْ	sabāh el-sukar	(wörtl. einen Morgen des Zuckers)
صَبَاحْ اِلْعَسَلْ	sabāh el-asal	(wörtl. einen Morgen des Honigs)
مَسَاءْ اِلْفُلّ	masā' el-full	**Guten Abend** (wörtl. einen Abend des Jasmins)
مَسَاءْ اِلْنُورْ	masā' el-full	**Antwort: Guten Abend** (wörtl. einen Abend des Jasmins) **– Die Liste lässt sich endlos erweitern.**
بَايْ بَايْ	baibai	**Tschüss (Bye bye)**
نْشُوفَكْ عَلَى خِيرْ!	nschūfak (nschūfik) alā cher!	**Bis bald** (wörtl. Ich sehe dich hoffentlich gut wieder)**!**
وَأَنْتَ كَمَانْ!	wa inta (inti) kamān!	**Antwort: Bis bald** (wörtl. Ich dich auch)**!**
تْرُوحْ وَتِجِي بِالْسَلامَةْ!	trūh wa tigī bi-salāma!	**Geh' jetzt und komme gesund wieder!**
خَلِّي بَالَكْ مِنْ نَفْسَكْ!	challī bālak (bālik) min nafsak (nafsik)!	**Pass auf dich auf!**
نْشُوفَكْ بُكْرَهْ!	nschūfak bukra!	**Bis morgen** (wörtl. Ich sehe dich morgen)**!**

WIE GEHT'S?

إزَيَكْ ؟	izajak (izajik)?	Wie geht es dir?
إزَيْ أهْلَكْ ؟	izaj ahlak (ahlik)?	Wie geht es deiner Familie?
كِيفَ صَحْتَكْ ؟	kefa sahtak (sahtik)?	Wie geht es deiner Gesundheit?
الحَمْدُ اللهْ كوَيسْ /تمَامْ	al-hamdu l-illāh kwajis/tamām	Antwort: (wörtl. Gott sei gepriesen, gut.)
مَاشِي الْحَالْ	māschī l-hāl	Antwort: Es geht so.
آنَا شْوَيَةْ تعَبَانْ	ānā schwaia tabān	Antwort: Ich bin ein bisschen müde/ krank /schlapp
الدُنْيَا كِدَا	ad-dunja dikka	Rückantwort: So ist das Leben

ANREDE ...

يا !	jā!	Oh! (wird jedem Namen bzw. jedem Titel vorangestellt, wenn man jemanden direkt anspricht. Z. B. Oh, Mutter = jā ummī. Das „oh" wegzulassen ist äußerst unhöflich!)
حَضْرِتَك	hadritik/hadritak	Sie (statt Du)
سِتّ	sitt	Frau (respektvolle Anrede)
سِيدِي	sīdī	Herr (respektvolle Anrede)
بَاشَا	bāschā	Herr („Pascha" – Anrede für Vorgesetzte oder höher gestellte Personen)
أخُوي	achūja	Mein Bruder (Anrede unter guten Freunden)
أخْتِي	uchtī	Meine Schwester (Anrede unter guten Freunden)
حَبِيبِي/حَبِيبْتِي	habībī/habibtī	Mein Schatz (Anrede unter guten Freunden, Kindern, Geliebten, aber auch andere Menschen, die man mag)

ENTSCHULDIGUNG ...

آسِف	sif	sorry
آنَا زَعْلَانْ عَاشَانِك	ānā zalān aaschānik	Es tut mir leid für dich.

ANTWORTEN ...

أفِنْدِمْ/أيْوَة	aiwa/afendim	Ja/Ja (höflich)
لِيهْ لأ ؟	leh lā?	Warum auch nicht?
أبَدًا	abadan	Auf keinen Fall, niemals
مِشْ مُمْكِنْ	misch mumkin	Auf gar keinen Fall, absolut nicht möglich
مِشْ عَارِفْ	misch ārif	Ich weiß nicht.
مَا عِنْدِ يشْ فِكْرَة	mā aindīsch fikra	Keine Ahnung.
مَعْلِشْ	malesch	Mir egal. (bedeutet auch: tut mir leid, je nach Stimmlage)

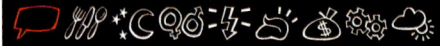

ACHTUNG! SLANG

... UND AUFFORDERUNGEN

إسْتِنَى !	istennā!	Wart mal!
يَلا يَلا!	yallā yallā!	Beweg dich, los!
تَعَالَى مِنْ فَضْلَكْ!	taālā min fadlak (fadlik)!	Komm doch bitte!
خَلِيكْ كُولْ!	chalīk hādī!	Beruhige dich!
خَلِيكْ هَادِي!	chalīk kūl!	Bleib cool!
هَاتْ (هَاتِي)!	hāt (hātī)!	Gib her!
خَلِيهَا!	chalīhā!	Lass es! Behalt es!
تَفضَلْ (تَفَضَلِي)!	tafaddal (tafaddalī)!	Komm rein! (wörtl. bitteschön)

UNTER FREUNDEN ...

نِتْمَشى	nitmaschā	miteinander spazieren gehen
فِي إيهْ ؟	eh dah?	Was ist los?
إيهْ دَهْ ؟	fī eh?	Was gibt's?
مَا لِكْ ؟	mā lik?	Was ist mit dir los?
عَايِزْ إيهْ ؟	ājiz eh?	Was möchtest du?
آنَا عَزْمَكْ!	ānā azmak!	Ich lade dich ein!
الحِسَابْ عِنْدِي!	el-hisāb aindī!	Die Rechnung geht auf mich!
نَمِيمَةْ/تَهْرِيجْ	tahrīg/namīma	Quatsch/Tratsch
نَمِيمَةْ	namīma	(das) Lästern
خَيَالْ/سْتُورِيسْ	chajāl/storīs	Lügenmärchen
آنَا زَعْلانْ مِنكْ!	ānā zalān minak!	Ich bin sauer auf dich!
خِنَاقَةْ	chinā a	Streit (wörtl. erwürgen)

DAS GEFÄLLT ...

عَظِيمْ	ad̲īm	großartig/fantastisch
كْوَيِسْ!	kwaijis!	Super!
مِيهْ مِيهْ!	mije mije!	Klasse! (wörtl. 100 von 100)
يِنْبِهِرْ	yanbahir	von etwas schwärmen
مِتْنَرْفِزْ	mitnerfiz	aufgeregt sein

... UND DAS NERVT

غَبِي	ghabī	doof
تِجَنِّنْ	tiganin	Das ist nervig
إِنْتَ بِتْنَرْفِزْنِي!	inta bitnerfiznī!	Du nervst!
كَلَامْ فَاضِي	kalām fādī	Schwachsinn (wörtl. leere Rede)
غَلْبَانْ	ghalbān	erbärmlich
زَيِ ذِفْتْ	zaji d̲ift	Totaler Mist (wörtl. wie Teer)
دَهْ كَانْ صَدْمَةْ	dah kān sadma	Das ist ein ziemlicher Reinfall (Schock)
فِي المِشْمِشْ!	fī l-mischmisch!	Vergiss es! (wörtl. in der Aprikose – dieser Ausdruck bezieht sich auf die kurze Dauer, in der Aprikosen reif sind. Es bedeutet: Das ist so kurz, das klappt doch nie!)

SCHLECHT DRAUF?

خَلْصَانْ	chalsān	fix und fertig/alle sein
يِغَفِلْ	jaghafel	ein Nickerchen halten/eindösen
تَعْبَانْ شْوَيَّةْ	tabān schwaja	nicht ganz auf dem Damm sein/ kränkeln
غَضْبَانْ	ghadbān	beleidigt sein
مَزَاجْ زَيِ ذِفْتْ	mazāg zaji d̲ift	eine Stinklaune (wörtl. eine Laune wie Teer)
زَعْلَانْ	zalān	wütend/sauer sein
خَارِجْ عَنْ الشُّعُورْ	chārig an schuūr	die Beherrschung verlieren
فَاقِدْ أَعْصَابِي	fā id asābī	ausrasten

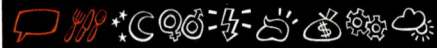

ACHTUNG! SLANG

مِنْ الخُوفْ شَخْ عَلَى نَفْسِه	min el-chof schach alā nafsihi	vor Angst in die Hose machen
حَزِينْ قَوي	hazīn awī	total unglücklich sein
مَغْرُوسْ فِي الخَرَةْ	maghrūs fī l-chara	(bis zum Hals) im Schlamassel stecken

ESSEN

كَافِتريا	kāfeterijā	(modernes) Café (im Gegensatz zum traditionellen Kaffee-/Teehaus)
أَكْلْ خَفِيفْ	akl chafīf	Snack
سَنْدْوِيشْ	sandwīsch	Sandwich
هَامْبُورْجَرْ	hāmbūrgar	Hamburger
بِيتْزَا	bītzā	Pizza
آنَا مَيِّتْ/مَيِّتَةْ مِنْ الجوْعْ	ānā majjit/majjita min el-goa	Ich sterbe vor Hunger.
عَصَافِيرْ بَطْنِي بِتْزَقْزِق	asāfīr batnī bitza za	Ich habe großen Hunger. (wörtl. Die Vögel in meinem Bauch zwitschern.)
يَاكُلْ زَيْ الحَيَوَانْ	ja'kul zayi hajawān	etwas verdrücken, verschlingen (wörtl. wie ein Tier essen)
الأَكْلْ مِيَه مِيَه!	el-akl mije mije!	Das Essen schmeckt super! (wörtl. das Essen ist 100 von 100)
الأَكْلْ دِلَعْ	el-akl dila	Das Essen schmeckt fade.
طَعَمْ وَحِشْ	taam wahisch	(Das Essen) schmeckt eklig.
مَاعِنْدِيشْ نِفْسْ	mā aindīsch nifs	Ich habe keinen Appetit.
الحَمْدُ الله شَبْعَانْ	al-hamdu l-illāh schabaān	Gott sei gepriesen, ich bin satt.

IN DER BAR/KNEIPE

خَمَارَةْ/بَارْ	chamāra/bār	Bar
مُصَرَحْ لَهُ بِيعْ الكُحُولْ	musarah lahu bī alkuhūl	Laden mit Lizenz zum Verkauf alkoholischer Getränke
نِبِيذْ	nebīt	Alkohol (ursprünglich Wein, heute alle alkoholischen Getränke)
مُنْكَرْ	munkar	alkoholische Getränke
سَكْرَانْ شْوَيَهْ	sakrān schwaja	beschwipst
سَكْرَانْ/مَصْطُولْ	sakrān/mastūl	betrunken

MANN UND FRAU

LEUTE

شَخْصْ	schachs	Typ/Kerl
بِنْتْ	bint	Mädel
جُوزِي/مْرَاتِي	gozī/mrātī	mein Mann/meine Frau
مَدَامْ	madām	Madame (Frau von jdm)
هَانِمْ	hānim	Madame (etwas vornehmere Variante)

LIEBESSCHWÜRE UND KOMPLIMENTE

حُبْ	hubb	Liebe
عِشْقْ	ischq	Leidenschaft
عَاشِقْ (عَاشِقَةْ)	āschiq (āschiqa)	verliebt sein
حُبْ حَيَاتِي	hubb hajātī	die Liebe meines Lebens
نُصِي الحِلْوْ	nussī el-helw	meine bessere Hälfte
شِرِيكْ عُمْرِي	scherīk umrī	Lebensgefährte/-in
إِنْتِ زَيِ القَمَرْ	inti zaji l-amar	Du bist (so schön) wie der Mond.
عِنْدَكْ عُيُونَالغَزَالَةْ	aindik uyūn el-ghazāla	Du hast Augen wie eine Gazelle.
إِنْتِ قَلْبِي	inti albī	Du bist mein Herz.
إِنْتِ رُوحِي	inti rūhī	Du bist meine Seele.

> www.marcopolo.de/arabisch

ACHTUNG! SLANG

إِنْتِ عُمْرِي	inti umrī	Du bist mein Leben.
إِنْتِ عُيُونِي	inti uyūnī	Du bist meine Augen.
إِنْتِ نُورْ عُيُونِي	inti nūr uyūnī	Du bist das Licht meiner Augen.
إِنْتِ شَمْسِي	inti schamsi	Du bist meine Sonne.

HERZSCHMERZ

صَدْ مَة عَاطِفِيَّة	sadma ātifīja	Liebeskummer
قَلْبْ مَكْسُورْ	alb maksūr	ein gebrochenes Herz

SCHIMPFEN, LÄSTERN, JAMMERN

STANDARDS

يَا نَهَارْ أَسْوَدْ!	jā nahār aswad!	Mist! (wörtl. Oh schwarzer Tag!)
وَاللهِ!	wallāhi!	Meine Güte!/Großer Gott!
خَرَّةْ!	charra!	Scheiße!
مَلْعُونْ أَبُوالدُنْيَا	malūn abū l-dunja	Scheißleben
خَرَّةْ عَلَيكْ!	charra alek!	Scheiße soll auf dir sein!
إِخْرَصْ!/خَلَصْ!	chalas!/ichras!	Stopp! Schluss jetzt!/Hör auf!
إِمْشِي!	imschī!	Hau ab!
رُوحْ فِي نَصِيبَةْ!	rūh fī nasība!	Fahr zur Hölle!
عَيْبْ عَلَيكْ!	aib alek!	Schande über dich!
يَضِلّ/يَغِشّ	Jaghisch/jaḏill	jdn. veräppeln
يَحْتَقِرْ	jahta ir	jdn. beschimpfen

SPINNER, TROTTEL UND NOCH MEHR

قَلْبُهْ أَخْضَرْ	albo achdar	Weichei (wörtl. Sein Herz ist grün.)
كَلامْ فَاضي	kalām fādī	Große Klappe, nichts dahinter
عَقْلَكْ خَفيفْ!	a lak chafīf!	Du bist dumm!
إِنْتَ مَجْنُونْ (مَجْنُونَة)!	inta (inti) magnūn (magnūn)!	Du spinnst!
يا غَبِي!	jā ghabī!	Du Spinner!
يا حُمارْ!	jā homār!	Du Esel!
يا تِيسْ!	jā tīs!	Du Idiot/Du Narr!
يا كَلْبْ!	jā kalb!	Du Hund!
يا حَيَوانْ!	jā hajawān!	Du Tier!
يا غَشَاشْ!	jā ghaschāsch!	Du Betrüger!
يا وَسِخْ!	jā wasich!	Du Dreckskerl!
يا ابْنِ الكَلْبْ!	jā bni l-kalb!	Du Hundesohn!
عِنْدَكْ تَرْبِيَةْ شَوارِعْ!	aindak (aindik) tarbija schawārī!	Dich hat die Straße großgezogen!
مِشْ مُتَرْبِي!	misch mutarbī!	Vollkommen ungezogen!
يا صَعِيدِي!	jā saīdī!	Du Ostfriese, du! (als saīdī bezeichnet man die Oberägypter, vor allem die in der Region rund um Luxor leben)

UNAPPETITLICHES

آنا رايِحْ الحَمَامْ	ānā reh el-hammām	Ich muss mal.
الحَمَامْ	el-hammām	Klo
يَضْرَطْ	jadrat	einen fahren lassen
يَتْكَرَعْ	jatkara	rülpsen
يَرْجَعْ	jaraga	sich übergeben

ACHTUNG! SLANG

GELD

بِكَامْ	bikām	Was kostet ...
فْلُوسْ	flūs	Geld
غَلَّةْ	ghalla	Kohle/Knete/Kies/Moos
بَاكُو	bākū	ein Riese/ein Tausender
أَرْنَبْ	arnab	eine Million (wörtl. ein Hase)
نُصّْ أَرْنَبْ	nuss arnab	eine halbe Million (wörtl. ein halber Hase)
رُبْعَ أَرْنَبْ	ruba arnab	eine Viertel Million (wörtl. ein viertel Hase)
فَكَهْ	fakah	Kleingeld
بَقْشِيشْ	ba schīsch	Trinkgeld
مَاكَنَةْ	makāna	Geldautomat
رَشْوَةْ	raschwa	Schmiergeld
غَسِيلْ أَمْوَالْ	ghasīl amwāl	Geldwäsche
إصْرَفْ مَا فِي الجِيبْ يَأتِيكْ مَا فِي الغِيبْ	israf mā fī l-geb ja'tika mā fī l-gheb	Gib und so wird dir gegeben.
إنْ عَشَقْتْ إعْشَق قَمَرْ وَإنْ سَرَقْتْ إسْرَقْ !جَمَلْ	in ascha t ischa amar wa in sara t isra gamal!	Wenn schon, denn schon! (wörtl. Wenn du dich verliebst, dann in den Mond. Und wenn du klaust, dann ein Kamel.)
الكَفَنْ مَلُوشْ جِيبْ!	el-kafan malūsch geb!	Sei nicht geizig! (wörtl. Das Grabtuch hat keine Taschen.)
مَرَيِشْ	marajisch	reich
مُسْرِفْ	musrif	Verschwender
يَأكُلْ الفْلُوسْ	ja'kul el-flūs	Geld zum Fenster rausschmeißen (wörtl. Geld aufessen)
جِلْدَةْ	gelda	sehr geizig
عَ الصِفْرْ/عَ الحَدِيدَةْ	a s-sifr/a el-hadīda	pleite
لَقْطَةْ	lo ta	Schnäppchen
نَصَابْ	nasāb	Betrüger
حَرَامِي	haramī	Dieb

ARBEIT

شُغْلْ	schughl	Arbeit
بْرِيكْ	brek	Pause
شُغْلْ تَافِهْ	schughl tāfe	Arbeit ohne Aufstiegsmöglichkeit
غَرْقَانْ فِي الشُغْلْ حَتَى وُدَانِي	ghar ān fī l-schughl hatā udānī	bis zu den Ohren in Arbeit stecken
مَيْتْ مِنْ الشُغْلْ	majit min el-schughl	sich zu Tode arbeiten
شُغْلْ سَهْلْ	schughl sahl	Kinderspiel
مَلَلْ	malal	Langeweile
إِنْ غَابْ القُطّْ لَعَبْ الفَارْ	In gheb el-ut laab el-fār	Ist die Katze aus dem Haus spielt die Maus (zur Arbeitsmoral)
إِنْتِهَازِي	intihāzī	Ausbeuter
مُنَافِقْ	munāfi'	Schleimer
شُغْلْ زَيِ ذِفْتْ	schughl zaji dift	Pfusch
مُمَثِلْ	mumatil	außen hui und innen pfui (wörtl. Schauspieler)

WETTER

Über das Wetter redet man nicht. Nicht, dass es immer gut wäre, aber es ist Allah, der das Wetter macht und Kritik daran zu üben käme einer Gotteslästerung gleich. Deshalb gibt es nur ein paar wenige Ausdrücke, die man auf das Wetter beziehen kann, und diese sind recht neutral ausgedrückt.

الجَوْ مِيِهْ مِيِهْ	el-gau mije mije	Das Wetter ist super.
الجَوْ سُخْنِ	el-gau suchne	Es ist heiß.
الشَمْسْ بْتْرَحَقْ	el-schams btraha	Die Sonne brennt.
بَرْدْ زَيِ الرَصَاصْ	bard zaj el-rusās	Es ist eiskalt (wörtl. bleikalt).

IMPRESSUM

Titelbild: Neil Tingle
Fotos: Denis Pernath (S. 8/9, 12/13, 22/23, 54/55, 78/79, 104/105); GettyImages, Belinda Muller (S. 38/39); Cortina Hotel, München (S. 68/69)
Illustrationen: Mascha Greune, München
Zeigebilder/Fotos: Lazi&Lazi; Food Collection; Comstock; stockbyte; Fisch-Informationszentrum e.V.; Fotolia/Christian Jung; Fotolia/ExQuisine; photos.com
Bildredaktion: Factor Product, München (S. 8/9, 12/13, 22/23, 38/39, 54/55, 68/69, 78/79, 104/105); red.sign, Stuttgart (S. 43–47)
Zeigebilder/Illustrationen: Factor Product, München; HGV Hanseatische Gesellschaft für Verlagsservice, München (S. 46/47, 56, 58/59, 62, 66, 73, 75)

1. Auflage 2009

Chefredaktion: Michaela Lienemann, MAIRDUMONT
Konzept und Projektleitung: Carolin Hauber, MAIRDUMONT

Bearbeitet von: Maysa Mourad-Strüber und Martin Strüber, Tegernsee
Redaktion: PONS GmbH, Stuttgart; MAIRDUMONT, Ostfildern;
Barbara Pflüger, Stuttgart
Mitarbeit an diesem Werk: Jens Bey, MAIRDUMONT;
Eva-Maria Hönemann, MAIRDUMONT
Satz: Fotosatz Kaufmann, Stuttgart

Kapitel Achtung! Slang:
Redaktion: MAIRDUMONT, Ostfildern; Bintang Buchservice GmbH, Berlin
Autorin: Muriel Brunswig-Ibrahim, Freiburg

Titelgestaltung: Factor Product, München
Innengestaltung: Zum goldenen Hirschen, Hamburg; red.sign, Stuttgart

Printed in Germany. Gedruckt auf 100% chlorfrei gebleichtem Papier.

> AUF ALLES VORBEREITET

Beim Arzt, bei der Polizei oder auf der Bank: Wenn's knifflig wird oder schnell gehen soll, dann hilft Ihnen dieses praktische Kapitel in jedem (Not-)Fall.

ARZT

AUSKUNFT | isti'lāmāt | إستِعلامات

Können Sie mir einen guten ... empfehlen?	hal tastatī' (f tastatī'īn) an tuschīr (f tuschīrīn) 'alajja ...	هَلْ تَسْتَطِيعُ أَنْ تُشِيرَ عَلَيَّ...
Arzt	bi-tabīb	بِطَبِيبٍ
Augenarzt	bi-tabīb 'ujūn	بِطَبِيبِ عُيُونٍ

VON A BIS Z

Frauenarzt	bi-tabīb li-amrād in-nisā	بِطَبِيبٍ لِأَمْرَاضِ النِّسَاءِ
Hals-Nasen-Ohren-Arzt	bi-tabīb anf wa uḏun wa handschara	بِطَبِيبِ أَنْفٍ وَأُذُنٍ وَحَنْجَرَةٍ
Hautarzt	bi-tabīb amrād dschildīja	بِطَبِيبِ أَمْرَاضٍ جِلْدِيَّةٍ
Kinderarzt	bi-tabīb atfāl	بِطَبِيبِ أَطْفَالٍ
Zahnarzt	bi-tabīb asnān	بِطَبِيبِ أَسْنَانٍ
Wo ist seine Praxis?	ain ʿijādathu	أَيْنَ عِيَادَتُهُ ؟

> Apotheke: Seite 57, 60

BEIM ARZT | 'ind it-tabīb | عِندَ الطَّبِيب

Was für Beschwerden haben Sie?	mādā julimak (f -ik)/mādā jūdschi'ak (f -ik)	مَاذَا يُؤْلِمُكَ/مَاذَا يُوجِعُكَ
Ich habe Fieber.	ladajja hummā/ladajja irtifā' fī daradschat il-harāra	لَدَيَّ حُمَّى/لَدَيَّ ارْتِفَاعٌ فِي دَرَجَةِ الْحَرَارَةِ
Mir ist oft schlecht/schwindelig.	nafsī taghtā katīr/jusībnī duwār katīr	نَفْسِي تَغْثَى كَثِيرًا/يُصِيبُنِي دُوَارٌ كَثِيرًا
Ich bin stark erkältet.	innī musāb (f musāba) bi-sukām schadīd	إِنِّي مُصَابٌ بِزُكَامٍ شَدِيدٍ
Ich habe Kopfschmerzen.	ra'sī ju'limnī	رَأْسِي يُؤْلِمُنِي
Ich bin gestochen worden.	lusi'tu	لُسِعْتُ
Ich bin gebissen worden.	'addanī kalb (Hund)/ludightu (Schlange)	عَضَّنِي كَلْبٌ/لُدِغْتُ
Ich habe Durchfall/Verstopfung.	innī musāb (f musāba) bi-ishāl/bi-imsāk	إِنِّي مُصَابٌ بِإِسْهَالٍ/بِإِمْسَاكٍ
Wo tut es weh?	ain tataallam	أَيْنَ تَتَأَلَّمُ ؟
Ich habe hier Schmerzen.	asch'ur bi-ālām hunā	أَشْعُرُ بِآلَامٍ هُنَا
Ich bin Diabetiker/in.	anā musāb bi-s-sukkarī/anā musāba bi-s-sukkarī	أَنَا مُصَابٌ بِالسُّكَّرِيِّ/أَنَا مُصَابَةٌ بِالسُّكَّرِيِّ
Ich bin schwanger.	anā hāmil	أَنَا حَامِلٌ
Können Sie mir bitte etwas gegen ... geben?	hal min il-mumkin an tu'tīnī dawā didd ...	هَلْ مِنَ الْمُمْكِنِ أَنْ تُعْطِيَنِي دَوَاءً ضِدَّ...

BEIM ZAHNARZT | 'ind tabīb il-asnān | عِنْدَ طَبِيبِ الأَسْنَانِ

Ich habe (starke) Zahnschmerzen.	asnānī tulimnī (dschiddan)	أَسْنَانِي تُؤْلِمُنِي (جِدًّا)
Ich habe eine Füllung verloren.	faqadt haschwat sinn	فَقَدْتُ حَشْوَ سِنٍّ
Geben Sie mir bitte eine Spritze.	a'tinī (f a'tīnī) ibra min fadlak (f -ik)	أَعْطِنِي إِبْرَةً مِنْ فَضْلِكَ
Geben Sie mir bitte keine Spritze.	lā tu'tinī (f tu'tīnī) ibra min fadlak (f -ik)	لاَ تُعْطِنِي إِبْرَةً مِنْ فَضْلِكَ

IM KRANKENHAUS | fī l-mustaschfā | في الْمُسْتَشْفَى

Wie lange muss ich hier bleiben?	kam min il-waqt jadschib an abqā huna	كَمْ مِنَ الْوَقْتِ يَجِبُ أَنْ أَبْقَى هُنَا ؟
Aids	īds	إِيدْزْ
Allergie	marad il-hasāsīja	مَرَضُ الْحَسَاسِيَّةِ
ansteckend	muʿd	مُعْدٍ
Arm	ḏirāʿ	ذِرَاعٌ
Asthma	rabu	رَبْوٌ
Atembeschwerden	idtirāb tanaffus/dīq nafas	اِضْطِرَابُ تَنَفُّسٍ/ضِيقُ نَفَسٍ
atmen	tanaffasa	تَنَفَّسَ
Auge	ʿain	عَيْنٌ
Ausschlag	tafh dschildī	طَفْحٌ جِلْدِيٌّ
Bänderriss	tamassuq l-arbita	تَمَزُّقُ الأَرْبِطَةِ
Bauch	batn	بَطْنٌ
Bein	sāq/ridschl	سَاقٌ/رِجْلٌ
bewusstlos	fāqid il-waʿī/mughmā ʿalaihi	فَاقِدُ الْوَعْيِ/مُغْمًى عَلَيْهِ
Blase	maṯāna	مَثَانَةٌ
Blinddarm	sāida dūdīja	زَائِدَةٌ دُودِيَّةٌ
Blut	dam	دَمٌ
Blutdruck	daght d-dam	ضَغْطُ الدَّمِ
bluten	nasafa damhu/sāla damhu	نَزَفَ دَمُهُ/سَالَ دَمُهُ
Blutvergiftung	tasammum id-dam	تَسَمُّمُ الدَّمِ
Borreliose	al-hummā il-mutamaūwidscha	الْحُمَّى الْمُتَمَوِّجَةُ
Bruch	kasr	كَسْرٌ
Brust	sadr	صَدْرٌ
Darm	maʿī/amʿā	مِعْيٌ/أَمْعَاءٌ
Diabetes	marad is-sukkarī	مَرَضُ السُّكَّرِيِّ
Durchfall	ishāl	إِسْهَالٌ
Entzündung	iltihāb	اِلْتِهَابٌ
erbrechen, sich	qāa/taqajja	قَاءَ/تَقَيَّأَ
erkälten, sich	usība bi-bard/usība bi-sukām	أُصِيبَ بِبَرْدٍ/أُصِيبَ بِزُكَامٍ
Facharzt/-ärztin	tabīb achissāijj/tabība achissāijja	طَبِيبٌ أَخِصَّائِيٌّ/طَبِيبَةٌ أَخِصَّائِيَّةٌ
Fehlgeburt	isqāt/tarh	إِسْقَاطٌ/طَرْحٌ
Fieber	hummā	حُمَّى
Finger	isbaʿ	إِصْبَعٌ

Fuß	ridschl/qadam	رِجْلٌ/قَدَمٌ
Gallenblase	al-marāra	اَلْمَرارَةُ
gebrochen	munkasir/maksūr	مُنْكَسِرٌ/مَكْسُورٌ
Gehirn	dimāgh	دِمَاغٌ
Gehirnerschütterung	irtidschādsch id-dimāgh	اِرْتِجَاجُ الدِّمَاغِ
Gehirnschlag	sakta dimāghīja/dā n-nuqta	سَكْتَةٌ دِمَاغِيَّةٌ/دَاءُ النُّقْطَةِ
Gelbsucht	jaraqān	يَرَقَانٌ
Gelenk	mafsal	مِفْصَلٌ
Geschlechtskrankheit	marad tanāsulī	مَرَضٌ تَنَاسُلِيٌّ
geschwollen	mutawarrim/muntafich	مُتَوَرِّمٌ/مُنْتَفِخٌ
Geschwür	qarha/dummal	قَرْحَةٌ/دُمَّلٌ
Gesicht	wadschh	وَجْهٌ
Grippe	unfluwansā	أَنْفْلُوَنْزَا
Hals	'unuq/raqaba	عُنُقٌ/رَقَبَةٌ
Halsschmerzen	ālām l-halq	الاَمُ الْحَلْقِ
Hand	jad	يَدٌ
Haut	dschild	جِلْدٌ
Herpes	al-qaubā (marad dschildī)	القوباء (مَرَضٌ جِلدِيٌّ)
Herz	qalb	قَلْبٌ
Herzanfall	nauba qalbīja	نَوْبَةٌ قَلْبِيَّةٌ
Herzbeschwerden	idtirābāt fī l-qalb	اِضْطِرَابَاتٌ فِي الْقَلْبِ
Herzfehler	marad fī l-qalb	مَرَضٌ فِي الْقَلْبِ
Herzinfarkt	insidād au'ijat il-qalb	اِنْسِدَادُ أَوْعِيَةِ الْقَلْبِ
Herzschrittmacher	battārījat il-qalb	بَطَّارِيَّةُ الْقَلْبِ
Hirnhautentzündung	iltihāb is-sahajā	اِلْتِهَابُ السَّحَايَا
HIV-positiv	Aids	إيدز
Hüfte	wirk	وِرْكٌ
Husten	su'āl	سُعَالٌ
Impfung	tat'īm	تَطْعِيمٌ
Infektion	'adwā	عَدْوَى
Ischias	'irq in-nasā	عِرْقُ النَّسَا
Kiefer	fakk	فَكٌّ
Kinderlähmung	schalal atfāl	شَلَلُ أَطْفَالٍ
Knie	rukba	رُكْبَةٌ
Knöchel	kāhil/ka'b	كَاحِلٌ/كَعْبٌ
Knochen	'adm	عَظْمٌ
Knochenbruch	kasr il-'adm	كَسْرُ الْعَظْمِ

Kopf	ras	رَأْسٌ
Kopfschmerzen	wadschaʿ ir-ras/sudāʿ	وَجَعُ الرَّأْسِ/صُدَاعٌ
Krampf	taqallus/taschannudsch	تَقَلُّصٌ/تَشَنُّجٌ
krank	marīd	مَرِيضٌ
Krankenhaus	mustaschfā	مُسْتَشْفَى
Krankenschwester	mumarrida	مُمَرِّضَةٌ
Krankheit	marad	مَرَضٌ
Krebs	saratān	سَرَطَانٌ
Kreislaufstörung	idtirāb d-dawra d-damawijja	اِضْطِرَابُ الدَّوْرَةِ الدَّمَوِيَّةِ
Lähmung	schalal	شَلَلٌ
Lebensmittelvergiftung	tassammum ghiḏāʾī	تَسَمُّمٌ غِذَائِيٌّ
Leber	kabid	كَبِدٌ
Loch (im Zahn)	ṯiqb fī s-sinn/sūs fī s-sinn	ثُقْبٌ فِي السِّنِّ/سُوسٌ فِي السِّنِّ
Lunge	ria	رِئَةٌ
Magen	maʿida/miʿda	مَعِدَةٌ/مِعْدَةٌ
Magenschmerzen	wadschaʿ il-miʿda	وَجَعُ الْمِعْدَةِ
Mandeln	lawsāt/lawsatān	لَوْزَاتٌ/لَوْزَتَانِ
Menstruation	haid	حَيْضٌ
Migräne	sudāʿ/schaqīqa	صُدَاعٌ/شَقِيقَةٌ
Mittelohrentzündung	iltihāb il-uḏun il-wustā	اِلْتِهَابُ الْأُذُنِ الْوُسْطَى
Mumps	nukāf	نُكَافٌ
Mund	fam	فَمٌ
Muskel	ʿadala	عَضَلَةٌ
Narkose	bandsch/tachdīr	بَنْجٌ/تَخْدِيرٌ
Nase	anf	أَنْفٌ
Nerv	ʿasab	عَصَبٌ
Nierenentzündung	iltihāb kulwī	اِلْتِهَابٌ كُلْوِيٌّ
Ohnmacht	ighmā/ghaschajān	إِغْمَاءٌ/غَشَيَانٌ
Ohr	uḏun	أُذُنٌ
Operation	ʿamalīja dschirāhīja	عَمَلِيَّةٌ جِرَاحِيَّةٌ
Pilzinfektion	isāba bi-l-fitrījāt	إِصَابَةٌ بِالفِطْرِيَّاتِ
Plombe	haschu s-sinn	حَشْوُ السِّنِّ
Pocken	dschudarī	جُدَرِيٌّ
Praxis	ʿijāda	عِيَادَةٌ
Prellung	sadma	صَدْمَةٌ
Prothese (Zahn)	taqm asnān istināʿī	طَقْمُ أَسْنَانٍ اِصْطِنَاعِيٌّ
Quetschung	radd	رَضٌّ

Rheuma	rūmātism/dā l-mafāsil	رُوماتِزْم/داءُ الْمَفاصِلِ
Rippe	dil'	ضِلْعٌ
röntgen	sauwara bi-l-aschi'a	صَوَّرَ بِالأَشِعَّةِ
Röteln	hasba almānīja/humairā	حَصْبَةٌ أَلْمانِيَّةٌ/حُمَيْراءُ
Rücken	ḏahr	ظَهْرٌ
Rückenschmerzen	wadscha' iḏ-ḏahr	وَجَعُ الظَّهْرِ
Salmonellen	salmūnījāt	سَلْمُونِيّاتٌ
Schädel	dschumdschuma	جُمْجُمَةٌ
Scharlach	hummā qirmisīja	حُمَّى قِرْمِزِيَّةٌ
Schienbein	'aḏm l-qasaba/ḏunbūb	عَظْمُ الْقَصَبَةِ/ظُنْبُوبٌ
Schlaflosigkeit	araq	أَرَقٌ
Schlaganfall	sakta dimāghīja	سَكْتَةٌ دِماغِيَّةٌ
Schmerzen	alam/wadscha'	أَلَمٌ/وَجَعٌ
Schnittwunde	dschurh qat'ī	جُرْحٌ قَطْعِيٌّ
Schnupfen	sukām/raschh	زُكامٌ/رَشْحٌ
Schulter	katif	كَتِفٌ
Schüttelfrost	quscha'rīra/ra'scha	قُشَعْرِيرَةٌ/رَعْشَةٌ
Schwangerschaft	habal/haml	حَبَلٌ/حَمْلٌ
Schwindel	duwār/daucha	دُوارٌ/دَوْخَةٌ
Sonnenstich	darbat schams/saf'at schams	ضَرْبَةُ شَمْسٍ/سَفْعَةُ شَمْسٍ
Speiseröhre	marī	مَرِيءٌ
Spritze	huqna/ibra	حُقْنَةٌ/إِبْرَةٌ
Stich	laḏ'a/las'a	لَذْعَةٌ/لَسْعَةٌ
Stirnhöhlenentzündung	iltihāb il-dschujūb il-anfīja	اِلْتِهابُ الْجُيُوبِ الأَنْفِيَّةِ
Stuhlgang	birās/ghāit	بِرازٌ/غائِطٌ
Tetanus	kusās	كُزازٌ
Typhus	hummā tīfūdīja/tīfūs	حُمَّى تِيفُودِيَّةٌ/تِيفُوس
Übelkeit	ghaṯajān	غَثَيانٌ
Ultraschalluntersuchung	fahs bi dschihās mā fawq s-sawtijji/ekw	فَحْصٌ بِجِهازِ ما فَوْقَ الصَّوْتِيِّ/إيكو
Unterleib	al-batn	اَلْبَطْنُ
Untersuchung	fahs/kaschf	فَحْصٌ/كَشْفٌ
Urin	baul	بَوْلٌ
Verband	dimāda/ribāt	ضِمادَةٌ/رِباطٌ
Verbrennung	harq	حَرْقٌ
Verdauungsstörung	sū l-hadm	سُوءُ الْهَضْمِ
Vergiftung	tasammum	تَسَمُّمٌ

Verletzung	dschurh	جُرْحٌ
verstaucht	madschsū'/mafqūsch	مَجْزوعٌ/مَفْقوشٌ
Virus	fīrūs	فِيْروسْ
Windpocken	dschudarī l-mā	جُدَرِيُّ الْماءِ
Wunde	dschurh	جُرْحٌ
Zahn	sinn	سِنٌّ
Zecke	qurāda	قُرادَةٌ
Zehe	isba' l-qadam	إِصْبَعُ الْقَدَمِ
Zerrung	schadd il-watar	شَدُّ الْوَتَرِ
ziehen (Zahn)	chala'a/qala'a	خَلَعَ/قَلَعَ
Zunge	lisān	لِسانٌ

BANK/GELDWECHSEL

Wo ist hier bitte eine Bank?	ain jūdschad hunā masrif min fadlak (f -ik)	أَيْنَ يُوْجَدُ هُنا مَصْرِفٌ مِنْ فَضْلِكَ؟
Wo ist hier bitte eine Wechselstube?	ain jūdschad hunā maktab sirāfa min fadlak (f -ik)	أَيْنَ يُوْجَدُ هُنا مَكْتَبُ صِرافَةٍ مِنْ فَضْلِكَ؟
Ich möchte ...	urīd an uhauwil	أُرِيدُ أَنْ أُحَوِّلَ ...
... Euro	...jūrū	يُورُو
... Schweizer Franken	... min il-frānk is-swīsrī	... مِنَ الْفَرانْكْ السّويْسْرِيِّ
in ... wechseln.	ilā ...	إِلَى ...
Der Geldautomat akzeptiert meine Karte nicht.	inna ālat daf' in-naqd lā taqbal kartī	إنَّ آلَةَ دَفعِ النَّقدِ لا تقبَلُ كَرتي
Der Geldautomat gibt meine Karte nicht mehr heraus.	inna ālat daf' in-naqd lā tu'īd kartī	إنَّ آلَةَ دَفعِ النَّقدِ لا تُعِيدُ كَرتي

auszahlen	dafa'a	دَفَعَ
Bank	masrif/bank	مَصْرِفٌ/بَنْكٌ
Betrag	mablagh	مَبْلَغٌ
Euro	jūrū	يُورُو
Formular	istimāra	إِسْتِمارَةٌ
Geheimzahl	raqm sirrī	رَقْمٌ سِرِّيٌّ
Geld	naqd	نَقْدٌ
Geldautomat	ālat daf' in-naqd	آلَةُ دَفْعِ النَّقْدِ
Geldwechsel	sarf	صَرْفٌ

Kasse	sandūq it-taufīr	صَنْدُوق التَّوْفِيرِ
Kreditkarte	bitāqat il-istilāf	بِطَاقَةُ الاِسْتِلاَفِ
Ladeterminal	ālat īdāʿ in-naqd	آلَةُ إِيدَاعِ النَّقدِ
Reisescheck	schīk sijāhī	شِيكٌ سِيَاحِيٌّ
Scheck	schīk	شِيكٌ
Scheckkarte	bitāqat isch-schīkāt	بِطَاقَةُ الشِّيكَاتِ
Schweizer Franken	frank swīsrī	فَرَنْكٌ سِويسْرِيٌّ
umtauschen	baddala/sarrafa	بَدَّلَ/صَرَّفَ
Unterschrift	tauqīʿ/imdā	تَوْقِيعٌ/إِمْضَاءٌ
Währung	ʿumla	عُمْلَةٌ
Wechselkurs	siʿr s-sarf	سِعْرُ الصَّرْفِ
Wechselstube	maktab sirāfa	مَكْتَبُ صِرَافَةٍ

FARBEN

> Zeigebilder: Seite 4

beige	bīdsch	بيج
blau	asraq	أَزْرَق
braun	bunnijj	بُني
einfarbig	sāda	سَادَه
farbig	mulawwan	مُلَونٌ
gelb	asfar	أَصْفَرُ
golden	d̲ahabijj	ذَهَبي
grau	ramādijj	رَمَادِي
grün	achdar	أَخضَرُ
lila	lajlakijj	لَيْلَكي
mehrfarbig	mutaʿaddid il-alwān	مُتَعَدِدُ الالوانِ
orange	burtuqālijj	بُرتُقَالِيٌّ
rosa	wardijj	وَرْدِي
rot	ahmar	أَحْمَرُ
schwarz	aswad	أَسْوَدُ
silbern	fiddijj	فِضِيٌّ
türkis	fajrūsijj	فَيرُوزِيٌّ
violett	banafsadschijj	بَنَفْسَجِي
weiß	abjad	أَبْيَضُ

hell ...	fātih	فاتِحٌ
dunkel ...	dākin/ghāmiq	داكِنٌ/غامِقٌ

FOTOGRAFIEREN

Zeigebilder: Seite 59

Darf ich Sie fotografieren?	hal tasmah an ussauwirak/ ussauwirik?	هَل تَسمَح أن أُصوِّرَك/ أُصوِّرِك؟
Darf man hier fotografieren?	hal it-taswīr masmūh bi-hi hunā	هَلِ التَّصويرُ مَسْمُوحٌ بِهِ هُنَا؟
Wären Sie wohl so freundlich, ein Foto von uns zu machen?	hal min al-mumkin an taachuḏ lanā sūra?	هَلْ مِنَ المُمْكِنِ أَنْ تَأْخُذَ لَنَا صُورَة؟
Sie müssen auf diesen Knopf drücken.	jadschib an tatghat ʿalā hāḏā is-sr	يَجِب أَنْ تَضْغَط عَلَى هَذا الزِّر
Das ist sehr freundlich!	hāḏā latīf dschiddan	هَذا لَطِيفٌ جِدّاً

FUNDBÜRO

Wo ist das Fundbüro, bitte?	ajna mustawdaʿ l-aschjā l-mafqūda min fadlik?	أَيْنَ مُسْتَوْدَعُ الأَشْيَاءِ الْمَفْقُودَةِ مِنْ فَضْلِكَ؟
Ich habe ... verloren.	adaʿtu ...	أَضَعْتُ ...
Hier ist meine Hotelanschrift/ Heimatadresse.	hāḏā ʿunwānī fī l-funduq/baladī	هَذَا عُنْوَانِي فِي الْفُنْدُقِ/بَلَدِي

INTERNETCAFÉ

Wo gibt es in der Nähe ein Internetcafé?	ʾayna yūdschad maqhā internet qarīb?	أَيْنَ يوجَدُ مَقْهًى إنْتِرنِت قَرِيب؟
Wieviel kostet eine Stunde?/ Viertelstunde?	māḏā tukallif is-sāʿa?/ir-rubʿ sāʿa?	مَاذَا تُكَلِّف السَّاعَة؟/الرُّبع سَاعة؟

Kann ich eine Seite ausdrucken?	hal astatī' an atba' safha wāhida?	هَل أَستَطِيعُ أَن أَطبَعَ صَفْحَة وَاحِدة ؟
Bei mir klappt die Verbindung nicht.	innanī lā astatī' l-ittisāl bilmauqi' l-laḏī urīd	إنَّي لَا أستَطِيع الاتِّصَال بِالمَوقِع اللَّذِي أُرِيدُه
Ich habe Probleme mit dem Computer.	'indī muschkila ma' l-computer	عِندي مُشكِلَة مَع الكُمبيوتَر
Kann ich bei Ihnen Fotos von meiner Digitalkamera auf CD brennen?	hal astatī' 'indak an uchassin ba'da s-sūari min kamirtī ir-raqamīa 'alā sī dī?	هَل أَستَطِيعُ عِندَكَ أَن أُخَزِّن بَعضَ الصُّور مِن كَامِراتِي الرَّقمِية عَلَى سي دي ؟
Haben Sie auch ein Headset zum Telefonieren?	hal 'indak sammā'āt li-r-rās aidan min adschli il-mukālama il-hātifija?	هَل عِندَك سَمَّاعات الرَّأس أَيضاً مِنْ أَجلِ المُكَالَمَة الهَاتِفِية ؟

KINDER UNTERWEGS

Wo kann ich stillen?	ain jumkinunī an urdi'	أَيْنَ يُمْكِنُنِي أَنْ أُرْضِعَ ؟
Bitte bringen Sie noch einen Kinderstuhl.	hāt (f -ī) kursī āchar li-l-atfāl, min fadlak (f -ik)	هَاتِ كُرْسِيًّا آخَرَ لِلأَطْفَالِ، مِنْ فَضْلِكْ.
Können Sie mir bitte das Fläschchen warmmachen?	'afwan, hal biimkānikum tadfiat ar-raddā'a?	عَفْوًا، هَلْ بِإِمْكَانِكُمْ تَدْفِئَةُ الرَّضَاعَةِ ؟

WIE DIE EINHEIMISCHEN

Insider Tipp

Internet

Internetcafés (maqhā internet مَقْهَى إِنترنت) findet man heute auch in der arabischen Welt fast überall. In den besseren Hotels gibt es auf dem Zimmer entweder einen Dataport oder Wireless LAN, zu sehr unterschiedlichen Preisen! Jedoch ist die unbegrenzte Welt des Surfens nicht überall unbegrenzt. Auch fortschrittliche arabische Gesellschaften begrenzen den Zugriff auf Seiten, die inhaltlich nicht zu den örtlichen Vorstellungen passen. So sind zum Beispiel politische und pornografische Seiten häufig nicht abrufbar.

Babyfon	mismā' il-atfāl (baby phone)	مِسمَاع الاَطْفَالِ (بيبي فون)
Babynahrung	ta'ām ir-rudda'	طَعَامُ الرُّضَّعِ
Babysitter	hādina	حَاضِنَةٌ
Kinderautositz	maq'ad atfāl li s-sajjāra	مَقْعَدُ أَطْفَالٍ لِلسَّيَّارَةِ
Kinderbetreuung	ri'ājat il-atfāl	رِعَايَةُ الأَطْفَالِ
Kinderbett	sarīr atfāl	سَرِيرُ أَطْفَالٍ
Kinderermäßigung	tachfīd li-l-atfāl	تَخْفِيضٌ لِلأَطْفَالِ
Kinderkrankenhaus	mustaschfā l-atfāli	مُسْتَشْفَى الأَطْفَالِ
Kindernahrung	aghdijat il-atfāl	أَغْذِيَةُ الأَطْفَالِ
Nichtschwimmer	lā ja'rif is-sibāha	لاَ يَعْرِفُ السِّبَاحَةَ
Planschbecken	haud istihmām li-l-atfāl	حَوْضُ اسْتِحْمَامٍ لِلأَطْفَالِ
Saugflasche	raddā'a	رَضَّاعَةٌ
Schnuller	massāsa	مَصَّاصَةٌ
Schwimmflügel	dschanāh is-sibāha	جَنَاحُ السِّبَاحَةِ
Schwimmring	tauq is-sibāha	طَوْقُ السِّبَاحَةِ
Spielplatz	mal'ab	مَلْعَبٌ
Windeln	hifādāt/fuwat	حِفَاظَاتٌ/فُوَطٌ

POLIZEI

Wo ist bitte das nächste Polizeirevier?	ain aqrab qism li-sch-schurta	أَيْنَ أَقْرَبُ قِسْمٍ لِلشُّرْطَةِ؟
Ich möchte einen Diebstahl/Verlust/Unfall melden.	urīd an ubligh 'an sariqa/dajā'/hādit	أُرِيدُ أَنْ أُبَلِّغَ عَنْ سَرِقَةٍ/ضَيَاعٍ/حَادِثٍ
Mir ist ... gestohlen worden.	suriqat ...	سُرِقَتْ ...
die Handtasche	haqībat jadī	حَقِيبَةُ يَدِي
der Geldbeutel	mihfadatī	مِحْفَظَتِي
mein Fotoapparat	ālatī li-t-taswīr	آلَتِي لِلتَّصْوِيرِ
Mein Auto ist aufgebrochen worden.	futihat sajjāratī bi-l-quwwa	فُتِحَتْ سَيَّارَتِي بِالْقُوَّةِ
Ich habe ... verloren.	ada'tu ...	أَضَعْتُ ...
Mein Sohn/Meine Tochter ist seit ... verschwunden.	ibnī (Sohn) dāi' mundu ...	اِبْنِي ضَائِعٌ مُنْذُ ...
	ibnatī (Tochter) dāi'a mundu ...	اِبْنَتِي ضَائِعَةٌ مُنْذُ ...
Können Sie mir bitte helfen?	hal tastatī' (f tastatī'īn) musā'adatī min fadlak (f -ik)	هَلْ تَسْتَطِيعُ مُسَاعَدَتِي مِنْ فَضْلِكَ؟

anzeigen	ballagha sch-schurta ('an)/ schakā	بَلَّغَ الشُّرْطَةَ (عَنْ)/شَكا
aufbrechen	kasara/fataha bi-l-quwwa	كَسَرَ/فَتَح بِالْقُوَّةِ
belästigen	'ākasa/dājaqa	عَاكَسَ/ضَايَقَ
Brieftasche	mihfada	مِحْفَظَةٌ
Diebstahl	sirqa	سِرْقَةٌ
Gefängnis	sidschn	سِجْنٌ
Geld	māl	مَالٌ
Geldbeutel	kīs in-nuqūd	كِيْسُ النُّقُودِ
Gericht	mahkama	مَحْكَمَةٌ
Papiere	ruchsat is-sajjāra wa s-sāiq	رُخْصَةُ السَّيَّارَةِ وَالسَّائِقِ
Personalausweis	bitāqa schachsīja/huwīja	بِطَاقَةٌ شَخْصِيَّةٌ/هُوِيَّةٌ
Polizei	schurta/būlīs	شُرْطَةٌ/بُولِيسْ
Rauschgift	muchaddir	مُخَدِّرٌ
Rechtsanwalt/anwältin	muhāmi/muhāmija	مُحَامٍ/مُحَامِيَةٌ
Reisepass	dschawās safar	جَوَازُ سَفَرٍ
Richter/in	qādi/qādija	قَاضٍ/قَاضِيَةٌ
Scheck	schīk	شِيكٌ
Scheckkarte	bitāqat isch-schīkāt	بِطَاقَةُ الشِّيكَاتِ
Überfall	i'tidā 'alā/satu	إِعْتِدَاءٌ عَلَى/سَطْوٌ
Vergewaltigung	ightisāb	إِغْتِصَابٌ
verlieren	faqada/adā'a	فَقَدَ/أَضَاعَ
zusammenschlagen	daraba/kassara	ضَرَبَ/كَسَّرَ

WIE DIE EINHEIMISCHEN

Insider Tipp

Verpackung

Wer Postkarten nach Europa schicken möchte, sollte dies am Besten in einem Briefumschlag tun. Die wenigen Extra-Cent, die der Brief mehr kostet, sorgen dafür, dass die Karte auch ankommt.

POST

Wo ist das nächste Postamt/ der nächste Briefkasten?	ain aqrab maktab/sandūq barīd	أَيْنَ أَقْرَبُ مَكْتَبِ/صَنْدُوقِ بَرِيدٍ؟
Diesen Brief bitte per …	(urīd an ursil) hāḏihi r-risāla min fadlak (f -ik) …	(أُرِيدُ أَنْ أُرْسِلَ) هَذِهِ الرِّسَالَةَ مِنْ فَضْلِكَ …
Luftpost.	bi-l-barīd il-dschauwī	بِالْبَرِيدِ الْجَوِّيِّ
Express.	bi-l-barīd il-mustaʿdschal	بِالْبَرِيدِ الْمُسْتَعْجَلِ

Absender	mursil	مُرْسِلٌ
Adresse	ʿunwān	عُنْوَانٌ
Brief	risāla/maktūb	رِسَالَةٌ/مَكْتُوبٌ
Briefkasten	sandūq il-barīd	صَنْدُوقُ الْبَرِيدِ
Briefmarke	tābiʿ il-barīd	طَابِعُ الْبَرِيدِ
Briefumschlag	ḏarf ir-risāla	ظَرْفُ الرِّسَالَةِ
Eilbrief	risāla mustaʿdschala	رِسَالَةٌ مُسْتَعْجَلَةٌ
Empfänger	al-mursal ilaihi	اَلْمُرْسَلُ إِلَيْهِ
frankieren	wadaʿa tawābiʿ ʿalā r-risāla	وَضَعَ طَوَابِعَ عَلَى الرِّسَالَةِ
Gebühr	rasm	رَسْمٌ
Gewicht	wasn	وَزْنٌ
Luftpost	barīd dschawwī	بَرِيدٌ جَوِّيٌّ
Porto	rusūm il-barīd	رُسُومُ الْبَرِيدِ
Postamt	maktab barīd	مَكْتَبُ بَرِيدٍ
Postkarte	bitāqa barīdīja	بِطَاقَةٌ بَرِيدِيَّةٌ
Schalter	schubbāk	شُبَّاكٌ

TELEFONIEREN

Bitte ein Ferngespräch nach …	min fadlak (f -ik) muchābara chāridschīja ilā …	مِنْ فَضْلِكَ مُخَابَرَةٌ خَارِجِيَّةٌ إِلَى …
Ich möchte ein R-Gespräch anmelden.	min fadlak (f -ik) urīd an usadschdschil mukālama ʿalā hisāb il-mutalaqqī	مِنْ فَضْلِكَ أُرِيدُ أَنْ أُسَجِّلَ مُكَالَمَةً عَلَى حِسَابِ الْمُتَلَقِّي
Hier spricht …	hunā …	هُنَا …

Hallo, mit wem spreche ich?	alū, man ʻalā l-hātif	ألو ، مَنْ عَلَى الْهَاتِفِ ؟
Kann ich bitte Herrn/Frau … sprechen?	hal min il-mumkin an atahaddaṯ maʻa s-sajjid/s-sajjida …	هَلْ مِنَ الْمُمْكِنِ أَنْ أَتَحَدَّثَ مَعَ السَّيِّدِ/السَّيِّدَةِ ... ؟
anrufen	chābara/hātafa	خابَرَ /هَاتَفَ
Auskunft	istiʻlāmāt	إستِعلامات
Auslandsgespräch	mukālama daulīja	مُكَالَمَةٌ دَوْلِيَّةٌ
Gebühr	rasm	رَسْمٌ
Gespräch	muchābara/mukālama	مُخابَرَةٌ/مُكَالَمَةٌ
Handy	hātif mahmūl/dschawāl (mubajl)	هاتِف مَحْمُولٌ/جَوَّالٌ (موبايل)
Ortsgespräch	mukālama mahallīja	مُكَالَمَةٌ مَحَلِّيَّةٌ
R-Gespräch	mukālama ʻalā hisāb il-mutalaqqī	مُكَالَمَةٌ عَلَى حِسابِ الْمُتَلَقِّي
Telefon	hātif/telefōn	هَاتِفٌ/تِلِيفُونٌ
telefonieren	takallam bi l-hātif/ittasal	تَكَلَّمَ بِالْهَاتِفِ/اتَّصَلَ
Telefonkarte	bitāqat hātif	بِطَاقَةُ هَاتِفٍ
Telefonnummer	raqm hātif	رَقْمُ هَاتِفٍ
Telefonzelle	ghurfat hātif/kābīna	غُرْفَةُ هَاتِفٍ/كَابِينَةٌ
Vorwahlnummer	raqm il-mintaqa l-hātifī	رَقْمُ الْمِنْطَقَةِ الْهَاتِفِيُّ

WIE DIE EINHEIMISCHEN

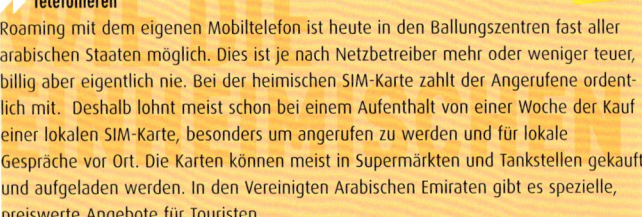

Insider Tipp

Telefonieren

Roaming mit dem eigenen Mobiltelefon ist heute in den Ballungszentren fast aller arabischen Staaten möglich. Dies ist je nach Netzbetreiber mehr oder weniger teuer, billig aber eigentlich nie. Bei der heimischen SIM-Karte zahlt der Angerufene ordentlich mit. Deshalb lohnt meist schon bei einem Aufenthalt von einer Woche der Kauf einer lokalen SIM-Karte, besonders um angerufen zu werden und für lokale Gespräche vor Ort. Die Karten können meist in Supermärkten und Tankstellen gekauft und aufgeladen werden. In den Vereinigten Arabischen Emiraten gibt es spezielle, preiswerte Angebote für Touristen.
Telefonkarten mit festen Beträgen für öffentliche Telefone und Telefonzellen bleiben weiterhin die Alternative. Und seit dem Siegeszug der Mobiltelefone gibt es auch keine Warteschlangen mehr!

> www.marcopolo.de/arabisch

HANDY | hātif mahmūl | مُخَابَرَةٌ

Bitte eine SIM-Karte.	urīd kart sīm min fadlak	أُرِيدُ كَرتَ سِيم مِن فَضْلِك
Bitte eine internationale Telefonkarte.	urīd kart lilmukālamāt d-daulīja min fadlak	أُرِيدُ كَرتاً لِلمُكَالَمَاتِ الدَوْلِيَّةِ مِن فَضْلِكَ
Wie viele Minuten kann ich mit einer Karte für ... sprechen?	kam daqīqa astatī' an atakallam bikart wāhid bimablagh ...?	كَم دَقِيقَة أَستَطِيعُ أَن أَتَكَلَّمَ بِكَرتٍ واحدٍ بِمَبلَغ.....؟
Geben Sie mir bitte eine Tarifübersicht.	a'tinī min fadlak isti'rād li-l-ta'rifa	أَعطِني مِن فَضلِكَ إستِعراضٌ للتَعرِفَةِ
Haben Sie Guthabenkarten der Mobilfunkgesellschaft ...?	hal judschad 'indak kurut telefon min scharikat ...?	هَل يوجَد عِندَكَ كُروت تلِفون من شَرِكَة....؟

TOILETTE UND BAD

Wo ist bitte die Toilette?	ain l-mirhād min fadlak?	أَينَ المِرحَاضِ مِنْ فَضلِكَ؟
Dürfte ich wohl bei Ihnen die Toilette benutzen?	hal astatī' an asta'mil l-mirhād 'indak?	هَل أَستَطِيعُ أَنْ أَستَعمِلَ المِرحَاضِ عِندَكَ؟
Würden Sie mir bitte den Schlüssel für die Toiletten geben?	hal tasmah an tu'tīnī miftāh l-mirhād?	هَل تَسمَح أَنْ تُعطِيني مِفْتَاح المِرْحَاضِ؟

Damen	sajjiidāt	سَيِّدات
Damenbinden	fuwat nisāīja	فُوَطٌ نِسَائِيَّةٌ
Handtuch	fūta	فُوطَةٌ
Handwaschbecken	mighsala	مِغْسَلَةٌ
Herren	ridschāl	رِجَال
sauber	nadīf	نَظِيفٌ
schmutzig	qadir	قَذِرٌ
Seife	sābūn	صَابُونٌ
Tampons	fuwat nisāīja ustuwānīja	فُوَطٌ نِسَائِيَّةٌ أُسْطُوَانِيَّةٌ
Toilettenpapier	waraq il-mirhād	وَرَقُ الْمِرْحَاضِ

DIE 555 WICHTIGSTEN WÖRTER

Die hinter der arabischen Aussprache aufgeführten Zahlen verweisen auf die entsprechenden Seiten der themenbezogenen Kapitel.

A

abbestellen (Zimmer)	alghā hadschs ...	أَلْغَى حَجْز .....
Abend	masā/sahra	مَسَاءٌ/سَهْرَةٌ
Abfahrt	intilāq > 33 ff.	اِنْطِلاَقٌ
Abflug	iqlā' > 31	إِقْلاَعٌ
Abreise	safar > 70 f.	سَفَرٌ
Abschied	wadā' > 14	وَدَاعٌ
Achtung	intibāh	اِنْتِبَاهٌ
Adresse	'unwān > 117	عُنْوَانٌ
Aktivurlaub	'utla rījādīa > 85 ff.	عُطْلَة رِياضِيَّة
allein	munfarid/wahduh	مُنْفَرِدًا/وَحْدَهُ
Alter	'umr	عُمْرٌ
Amt (Dienststelle)	idāra	إِدَارَةٌ
Angst	chawf	خَوْفٌ
anhalten	waqafa/auqafa	وَقَفَ/أَوْقَفَ
Ankunft	al-wusūl > 32, 34	اَلْوُصُولُ
Anmeldung	tasdschīl	تَسْجِيلٌ
Anruf	muchābara/mukālama > 117 ff.	مُخَابَرَةٌ/مُكَالَمَةٌ
Anschrift	'unwān	عُنْوَانٌ
Apotheke	saidalīja > 57, 60	صَيْدَلِيَّةٌ
arm	faqīr	فَقِيرٌ
Arzt	tabīb > 104 ff.	طَبِيبٌ
aus	min	مِنْ
Ausflug	nusha > 81 f.	نُزْهَةٌ
ausfüllen	malā	مَلأَ
Ausgang	machradsch	مَخْرَجٌ
Auskunft	isti'lām > 10 f., 22 f., 25, 31 f., 33 ff., 38, 68, 78, 104	اِسْتِعْلاَمٌ
Ausländer/in	adschnabī/adschnabīja	أَجْنَبِيٌّ/أَجْنَبِيَّةٌ
Ausweis (Personal)	bitāqa schachsīja	بِطَاقَةٌ شَخْصِيَّةٌ
Auto	sajjāra > 25 ff.	سَيَّارَةٌ

B

Bahnhof	mahattat il-qitārāt > 33 f.	مَحَطَّةُ الْقِطَارَاتِ
Bank (Geldinstitut)	masrif/bank > 111 f.	مَصْرِفٌ/بَنْكٌ
Beanstandung	i'tirād > 40, 70	اِعْتِرَاضٌ
beantworten	adschāba	أَجَابَ
beenden	anhā	أَنْهَى
befinden, s. ~	inwadschada/kān maudschūd	اِنْوَجَدَ/كَانَ مَوْجُودًا
befürchten	chāfa/chaschija	خَافَ/خَشِيَ
begrüßen	sallama 'alā/rahhaba bi > 12	سَلَّمَ عَلَى/رَحَّبَ بِ
behalten	hafiḏa/ihtafaḏa	حَفِظَ/اِحْتَفَظَ
behindertengerecht	munāsib li-l-mu'āqīn/sālih li-l-mu'āqīn	مُنَاسِبٌ لِلْمُعَاقِينَ/صَالِحٌ لِلْمُعَاقِينَ
Behindertentoilette	mirhād li-l-mu'āqīn	مِرْحَاضٌ لِلْمُعَاقِينَ
Behörde	sulta/dāira	سُلْطَةٌ/دَائِرَةٌ
bei (nahe)	qurb	قُرْبَ
belästigen	as'adscha/dājaqa > 116	أَزْعَجَ/ضَايَقَ
benachrichtigen	a'lama	أَعْلَمَ
benutzen	ista'mala	اِسْتَعْمَلَ
Beruf	mihna	مِهْنَةٌ
beschlagnahmen	hadschasa/sādara	حَجَزَ/صَادَرَ
beschweren, s. ~ (über)	schakā min	شَكَا مِنْ
besetzt (Platz, Telefon)	maschghūl	مَشْغُولٌ
Besichtigung	sijāra > 79 ff.	زِيَارَةٌ
Besitzer	mālik/sāhib	مَالِكٌ/صَاحِبٌ
Bestellung	talab/hadschs > 40	طَلَبٌ/حَجْزٌ
Betrag	mablagh	مَبْلَغٌ
betrunken	sakrān	سَكْرَانُ
bezahlen	dafa'a	دَفَعَ
billig	rachīs	رَخِيصٌ
bis	hattā/ilā	حَتَّى/إِلَى
Bitte	radschā > 14	رَجَاءٌ
bleiben	baqija	بَقِيَ
Blut	dam > 107	دَمٌ
Botschaft	sifāra	سِفَارَةٌ
Brand	harīq	حَرِيقٌ
brauchen	ihtādscha ilā	اِحْتَاجَ إِلَى
Brief	risāla > 117	رِسَالَةٌ
Brieftasche	mihfaḏa > 116	مِحْفَظَةٌ
Buchung	hadschs > 8 ff., 69	حَجْزٌ
Büro	maktab	مَكْتَبٌ
Bus	ūtūbīs/bās (syr.) > 23, 36	أُوتُوبِيسٌ/بَاصٌ

C

Café	maqha	مَقْهًى
Camping	tachjīm > 11, 68, 76	تَخْيِيمٌ
Chef	raīs/mudīr	رَئِيسٌ/مُدِيرٌ
Club/Diskothek	nādī/diskō > 82	نَادٍ/دِيسْكُو
Computer	computer > 59	كُمْبيوتَر
Computerfachgeschäft	mahal bai' il-hawāsib il-ālīja > 56, 59	مَحَلٌّ بَيعِ الحَواسِبِ الآلِيَّةِ

D

dafür sein	ajjada	أَيَّدَ
dagegen sein	'ārada	عَارَضَ
Datum	tārīch > 19	تَارِيخٌ
defekt	fīhi chalal > 27, 29	فِيهِ خَلَلٌ
Deutsche, der, die ~	al-almānī/al-almānīja	اَلأَلْمَانِيُّ/اَلأَلْمَانِيَّةُ
Deutschland	almānjā	أَلْمَانْيَا
Diebstahl	sirqa > 115 f.	سِرْقَةٌ
diese(r, -s)	hāḏā (m)/hāḏihi	هَذَا/هَذِهِ
Ding	schai	شَيْءٌ
Direktor	mudīr	مُدِيرٌ
Disko	diskō > 82	دِيسْكُو
Doktor	duktūr/tabīb	دُكْتُورٌ/طَبِيبٌ
draußen	chāridsch/fī l-chāridsch	خَارِجًا/فِي الْخَارِجِ
drin, drinnen	fī d-dāchil	فِي الدَّاخِلِ
dringend	mulihh/'ādschil	مُلِحٌّ/عَاجِلٌ
Drogerie	mahall mustahdarāt in-naḏāfa wa-t-tadschmīl > 56, 58	مَحَلٌّ مُسْتَحْضَرَاتِ النَّظَافَةِ وَالتَّجْمِيلِ
du	anta (f anti)	أَنْتَ/أَنْتِ
durstig	'atschān/'atschā (f)	عَطْشَانُ/عَطْشَى

E

Ehe	sawādsch	زَوَاجٌ
Ehefrau/Ehemann	saudscha/saudsch	زَوْجَةٌ/زَوْجٌ
Ehepaar	as-saudschān	الزَّوْجَانِ
eilig	'ādschil	عَاجِلٌ
ein(e)	wāhid/wāhida	وَاحِدٌ/وَاحِدَةٌ
Eingang	madchal	مَدْخَلٌ
einkaufen	ischtarā/tasauwaqa > 54 ff.	اِشْتَرَى/تَسَوَّقَ
einladen	da'ā	دَعَا

Eintrittskarte	tad̲kirat duchūl > 83	تَذْكِرَةُ دُخُولٍ
Eisenbahn	as-sikka l-hadīdīja > 33 ff.	اَلسِّكَّةُ الْحَدِيدِيَّةُ
Elektrohandlung	mahall il-adawāt il-kahrabāīja > 56, 59	مَحَلُّ الأَدَوَاتِ الْكَهْرَبَائِيَّةِ
Eltern	wālidān	وَالِدَانِ
Empfänger	al-mursal ilaihi > 117	اَلْمُرْسَلُ إِلَيْهِ
englisch	ingilīsī	إِنْكِلِيزِيٌّ/إِنْجِلِيزِيٌّ
entfernt	ba'īd	بَعِيدٌ
Entschuldigung	'ud̲r/i'tid̲ār > 14	عُذْرٌ/اعْتِذَارٌ
er	huwa	هُوَ
Ergebnis	natīdscha	نَتِيجَةٌ
erklären (angeben)	sarraha	صَرَّحَ
(deutlich machen)	scharaha	شَرَحَ
erkundigen, s. ~	ista'lama	اِسْتَعْلَمَ
Erlaubnis	samāh/id̲n	سَمَاحٌ/إِذْنٌ
Ersatz (Schaden~)	ta'wīd	تَعْوِيضٌ
Erwachsene(r)	bāligh	بَالِغٌ
essbar	sālih li-l-akl	صَالِحٌ لِلأَكْلِ
Essen	ta'ām > 38 ff., 63 f.	طَعَامٌ
essen	akala	أَكَلَ
Euro	jūrū > 111	يُورُو
Europa	urubba	أُورُوبا

F

Fabrik	masna'	مَصْنَعٌ
fahren	sāfara	سَافَرَ
(lenken)	qāda	قَادَ
Fahrkarte	tad̲kira	تَذْكِرَةٌ
Fahrplan	dschadwal mawā'īd is-safar > 34, 36	جَدْوَلُ مَوَاعِيدِ السَّفَرِ
Fahrrad	darrādscha	دَرَّاجَةٌ
Fahrstuhl	mas'ad	مَصْعَدٌ
Fahrt	safar	سَفَرٌ
fallen	saqata	سَقَطَ
falsch	chatā	خَطَأٌ
Familie	usra	أُسْرَةٌ
Familienname	ism il-'āila > 24	إِسْمُ الْعَائِلَةِ
Farbe	laun	لَوْنٌ
Feiertag	jaum 'utla > 20	يَوْمُ عُطْلَةٍ
Ferien	'utla/idschāsa	عُطْلَةٌ/إِجَازَةٌ
Fest	'īd	عِيدٌ

Feuer	nār	نَارٌ
Feuerlöscher	dschihās il-itfā	جِهَازُ الإِطْفَاءِ
Feuerwehr	al-itfāīja/al-matāfī	اَلإِطْفَائِيَّةُ/اَلْمَطَافِئُ
Firma	muassasa tidschārīja	مُؤَسَّسَةٌ تِجَارِيَّةٌ
Fisch	samaka > 47, 50, 63	سَمَكَةٌ
Flasche	sudschādscha	زُجَاجَةٌ
Fleisch	lahm > 46, 50 f., 63	لَحْمٌ
Flirt	mughāsala	مُغَازَلَةٌ
Flug	rihla dschauwīja/tajarān > 31 ff.	رِحْلَةٌ جَوِّيَّةٌ/طَيَرَانٌ
Formular	istimāra > 111	إِسْتِمَارَةٌ
Foto	sūra > 59, 113	صُورَةٌ
Frage	suāl	سُؤَالٌ
Frau	mara	مَرْأَةٌ
(Anrede)	sajjida	سَيِّدَةٌ
Ehe~	saudscha	زَوْجَةٌ
frei	hurr	حُرٌّ
(nicht besetzt)	schāghir	شَاغِرٌ
fremd (unbekannt)	gharīb	غَرِيبٌ
(ausländisch)	adschnabī	أَجْنَبِيٌّ
Fremdenführer	dalīl sijāhī > 80	دَلِيلٌ سِيَاحِيٌّ
Freund/in	sadīq/sadīqa	صَدِيقٌ/صَدِيقَةٌ
frieren	barada/tadschammada	بَرَدَ/تَجَمَّدَ
Friseur/Friseuse	hallāq/kuwāfīra > 60 f.	حَلاَّقٌ/كُوَافِيرَةٌ
frühstücken	aftara > 48	أَفْطَرَ
Führerschein	ruchsat il-qijāda	رُخْصَةُ الْقِيَادَةِ
Führung	sijāra ma'a dalīl > 79 f.	زِيَارَةٌ مَعَ دَلِيلٍ
funktionieren	'amila/ischtaghala	عَمِلَ/اِشْتَغَلَ
für	min adschl	مِنْ أَجْلِ
fürchten , s. ~ vor	chāfa/chaschija	خَافَ/خَشِيَ

G

Gast	daif	ضَيْفٌ
Gastgeber/in	mudīf/mudīfa	مُضِيفٌ/مُضِيفَةٌ
Gebäude	mabna	مَبْنًى
geben	a'tā	أَعْطَى
Gebet	salāt	صَلاَةٌ
Gebirge	dschibāl > 82	جِبَالٌ
geboren	maulūd	مَوْلُودٌ
Gebühr	rasm	رَسْمٌ

Geburt	wilāda/mīlād	وِلادَةٌ/مِيلادٌ
gefährlich	chatir	خَطِرٌ
Gefängnis	sidschn > 116	سِجْنٌ
gehen	ḏahaba	ذَهَبَ
zu Fuß ~	maschā	مَشَى
Geld	naqd > 111 f.	نَقْدٌ
Geldautomat	ālat daf' in-naqd > 111	آلَةُ دَفْعِ النَّقْدِ
Gemüse	chudar/chudār > 43, 49, 51	خُضَرٌ/خُضَارٌ
geöffnet	maftūh	مَفْتُوحٌ
Gepäck	amti'a/haqāib > 32, 34	أَمْتِعَةٌ/حَقَائِبُ
gern	bi-surūr	بِسُرُورٍ
Geschäft (Laden)	mahall	مَحَلٌّ
Geschenk	hadīja	هَدِيَّةٌ
geschlossen	mughlaq	مُغْلَقٌ
Geschwindigkeit	sur'a	سُرْعَةٌ
Gesundheit	sihha	صِحَّةٌ
Getränk	scharāb > 47, 52 f.	شَرَابٌ
Gewicht	wasn	وَزْنٌ
Gewitter	'āsifa ra'dīja	عَاصِفَةٌ رَعْدِيَّةٌ
Gift	summ	سُمٌّ
Glück	sa'āda/haḏḏ	سَعَادَةٌ/حَظٌّ
Glückwunsch	tahnia > 15	تَهْنِئَةٌ
Gott	allāh	اللهُ
Grenze	hudūd > 24	حُدُودٌ
Größe (Kleidung)	maqās	مَقَاسٌ
(Schuhe)	nimra	نِمْرَةٌ
(Format)	hadschm	حَجْمٌ
Großmutter/-vater	dschadda/dschadd	جَدَّةٌ/جَدٌّ
Grund (Ursache)	sabab	سَبَبٌ
Gruppe	madschmū'a	مَجْمُوعَةٌ
gültig	sārī l-maf'ūl	سَارِي الْمَفْعُولِ

H

haben	malaka	مَلَكَ
Hafen	marfa/mīnā > 35	مَرْفَأٌ/مِينَاءٌ
Hallo!	marhaba	مَرْحَبًا!
Halt!	qif	قِفْ !
Haltestelle	mauqif/mahatta > 36	مَوْقِفٌ/مَحَطَّةٌ
Handy	hātif mahmūl/dschawāl (mubajl) > 118 f.	هَاتِفٌ مَحْمُولٌ/جَوَّالٌ (مُوبايل)

Haus	bait	بَيْتٌ
Heimat	watan	وَطَنٌ
heiraten	tasauwadscha	تَزَوَّجَ
heiß (Wetter)	hārr	حَارٌّ
(Wasser)	sāchin	سَاخِنٌ
Heizung	tadfia	تَدْفِئَةٌ
hell	sāti'	سَاطِعٌ
Herr (Anrede)	sajjid	سَيِّدٌ
heute	al-jaum	اَلْيَوْمَ
hier	hunā	هُنَا
Hilfe	musā'ada	مُسَاعَدَةٌ
Hochzeit (Feier)	'urs/farah (äg.)	عُرْسٌ/فَرَحٌ
Hotel	funduq > 8 ff., 68 ff.	فُنْدُقٌ
Hund	kalb	كَلْبٌ
hungrig	dschāi'	جَائِعٌ

I

ich	anā	أَنَا
immer	dāiman	دَائِمًا
in	fī	فِي
innen	fī d-dāchil	فِي الدَّاخِلِ
Innenstadt	markas il-madīna	مَرْكَزُ الْمَدِينَةِ
Insekt	haschara	حَشَرَةٌ
Insel	dschasīra	جَزِيرَةٌ
Irrtum	chata	خَطَأٌ

J

Jahr	sana	سَنَةٌ
jeder, jedes	kull wāhid	كُلُّ وَاحِدٍ
jemand	wāhid	وَاحِدٌ
Jugendherberge	bait isch-schabāb > 68, 77	بَيْتُ الشَّبَابِ
jung	schābb	شَابٌّ

K

kalt	bārid	بَارِدٌ
kaputt	tālif/charib	تَالِفٌ/خَرِبٌ
Käse	dschubn > 45, 48, 64	جُبْنٌ

Kasse	schubbāk it-taḏākir	شُبّاكُ التَّذاكِرِ
kaufen	ischtarā	اِشْتَرى
keine(r, -s)	lā ahad	لا أَحَدَ
Kellner	nādil/dscharsūn	نادِلٌ/جَرْسُونْ
kennen	ʿarafa	عَرَفَ
Kleidung	ṯijāb/malābis > 61 ff.	ثِيابٌ/مَلابِسُ
Kneipe	bār/hāna > 82	بارٌ/حانَةٌ
Koffer	haqība	حَقيبَةٌ
kommen	dschā/atā	جاءَ/أَتى
Kondom	kabbūd/wāqi	كَبُّودٌ/واقٍ
Konsulat	qunsulīja	قُنْصُلِيَّةٌ
Kontakt	ittisāl	اِتِّصالٌ
kontrollieren (durchsuchen)	fattascha	فَتَّشَ
Körper	dschism > 106 ff.	جِسْمٌ
kosten	kallafa	كَلَّفَ
krank	marīd > 104 ff.	مَرِيضٌ
Kreditkarte	bitāqat il-istilāf > 54, 71, 112	بِطاقَةُ الاِسْتِلافِ
Krieg	harb	حَرْبٌ
kühl	ratib/bārid	رَطِبٌ/بارِدٌ
Kultur	ṯaqāfa	ثَقافَةٌ
Kuss	qubla	قُبْلَةٌ
Küste	schāti/sāhil	شاطِئٌ/ساحِلٌ

L

lachen	dahika	ضَحِكَ
Laden	dukkān/mahall	دُكّانٌ/مَحَلٌّ
Land (Ggs. zu Stadt)	rīf; (pol) daula/balad	رِيفٌ؛ دَوْلَةٌ/بَلَدٌ
Landkarte	charīta > 67	خَرِيطَةٌ
Landschaft	manḏar tabīʿī	مَنْظَرٌ طَبِيعِيٌّ
Länge	tūl	طُولٌ
Lärm	dadschdscha	ضَجَّةٌ
lassen	taraka	تَرَكَ
laut (adj/adv)	ʿāli/bi-saut ʿāli	عالٍ/بِصَوْتٍ عالٍ
leben	ʿāscha	عاشَ
Lebensmittel	mawādd ghiḏāīja > 43 ff., 63 f.	مَوادٌّ غِذائِيَّةٌ
ledig	aʿzab (m)/ʿazbā (f) > 24	أَعْزَبُ/عَزْباءُ
leer	fārigh	فارِغٌ
leicht (Gewicht)	chafīf	خَفِيفٌ

leihen (Geld)	aqrada	أَقْرَضَ
leise (adj/adv)	munchafid/bi-saut munchafid	مُنْخَفِضٌ /بِصَوْتٍ مُنْخَفِضٍ
Licht	dau/nūr	ضَوْءٌ/نُورٌ
lieb	habīb/'asīs	حَبِيبٌ/عَزِيزٌ
lieben	ahabba	أَحَبَّ
links	jasār	يَسَارًا
Lokal	mat'am	مَطْعَمٌ
löschen	atfaa	أَطْفَأَ
Lüge	kiḏba	كِذْبَةٌ

M

machen	'amila	عَمِلَ
Mädchen	bint/fatāt	بِنْتٌ/فَتَاةٌ
Mann	radschul	رَجُلٌ
Markt	sūq > 56, 82	سُوقٌ
Maschine	mākīna/āla	مَاكِينَةٌ/آلَةٌ
Medikament	dawā > 57, 60, 106	دَوَاءٌ
Meer	bahr	بَحْرٌ
Mensch	insān	إِنْسَانٌ
Miete	udschra	أُجْرَةٌ
missverstehen	asā l-fahm	أَسَاءَ الْفَهْمَ
mit	ma'a/bi	مَعَ/بِ
mitbringen	ahdara ma'ahu	أَحْضَرَ مَعَهُ
mitnehmen	achaḏa ma'ahu	أَخَذَ مَعَهُ
Mittagessen	ghadā	غَدَاءٌ
Mitte	wasat	وَسَطٌ
Mittel (gegen)	dawā (didd)	دَوَاءٌ (ضِدَّ)
Monat	schahr > 19 f.	شَهْرٌ
Mond	al-qamar	اَلْقَمَرُ
Motor	muharrik/mōtōr > 27, 29	مُحَرِّكٌ/مُوتُورٌ
Motorrad	darrādscha nārīja > 25 ff.	دَرَّاجَةٌ نَارِيَّةٌ
Mücke	nāmūsa	نَامُوسَةٌ
müde	ta'ib	تَعِبٌ
Müll	sibāla/qumāma	زِبَالَةٌ/قُمَامَةٌ
Münze	qit'at nuqūd	قِطْعَةُ نُقُودٍ
Museum	mathaf > 79 f.	مَتْحَفٌ
Musik	mūsīqā	مُوسِيقَى
müssen	wadschaba	وَجَبَ
Mutter	umm	أُمٌّ

N

nach (zeitlich)	ba'd ...	بَعْد .....
Nachricht	chabar	خَبَرٌ
Name	ism > 12 f., 24	إِسْمٌ
nass	mablūl	مَبْلُولٌ
Natur	tabī'a	طَبِيعَةٌ
neben	bi-dschānib	بِجَانِبِ
nennen	sammā	سَمَّى
neu (ungebraucht)	dschadīd/hadīṯ	جَدِيدٌ/حَدِيثٌ
nie	abadan	أَبَدًا
niemand	lā ahad	لاَ أَحَدَ
Norden	asch-schimāl	اَلشِّمَالُ
nötig/notwendig	darūrī/lāsim	ضَرُورِيٌّ/لاَزِمٌ
Nummer	raqm	رَقْمٌ
nur	faqat	فَقَطْ

O

oben	fauq	فَوْقَ
Ober (Anrede)	nādil	نَادِلٌ
Obst	fākiha/fawākih > 24, 51 f., 64	فَاكِهَةٌ/فَوَاكِهُ
oder	au	أَوْ
offen	maftūh/sarīh	مَفْتُوحٌ/صَرِيحٌ
oft	kaṯīr mā	كَثِيرًا مَا
ohne	bi-lā/dūn	بِلاَ/دُونَ
Optiker	mahall in-naḏḏārātī > 56, 64 f.	مَحَلُّ النَّظَّارَاتِيِّ
Ort	makān	مَكَانٌ
Osten	asch-scharq	اَلشَّرْقُ
Österreich	an-nimsā	اَلنِّمْسَا

P

Paar, ein ~	sadsch	زَوْجٌ
Paket	tard	طَرْدٌ
Panne	'utl > 26, 29	عُطْلٌ
Papiere	ruchsat is-sajjāra wa s-sāiq > 24, 116	رُخْصَةُ السَّيَّارَةِ وَالسَّائِقِ
parken	rakana s-sajjāra	رَكَنَ السَّيَّارَةَ
Pass (Ausweis)	dschawās safar	جَوَازُ سَفَرٍ
Passkontrolle	murāqabat dschawāsāt is-safar > 24	مُرَاقَبَةُ جَوَازَاتِ السَّفَرِ
Pension	nusul/bansjōn > 10 f., 68 ff.	نُزُلٌ/بَنْسِيُونْ

Person	schachs	شَخْصٌ
Personalausweis	bitāqat iṯbāt isch-schachsīja/ huwīja	بِطاقَةُ إِثْباتِ الشَّخْصِيَّةِ/هُوِيَّةٌ
Pflanze	nabta	نَبْتَةٌ
Pflicht	wādschib	وَاجِبٌ
Platz	makān	مَكانٌ
Politik	sijāsa	سِيَاسَةٌ
Polizei	schurta/būlīs > 115 f.	شُرْطَةٌ/بُولِيس
Postamt	maktab barīd > 117	مَكْتَبُ بَرِيدٍ
Preis	si'r	سِعْرٌ
prüfen	ichtabara	اِخْتَبَرَ
pünktlich	fī l-mī'ād	فِي الْمِيعَادِ

Q

Qualität	kaifīja/sinf	كَيْفِيَّةٌ/صِنْفٌ
quittieren	a'tā īsāl	أَعْطَى إِيصالاً

R

Radio	rādjō/midjā'	رَادْيُو/مِذْيَاعٌ
Rampe	mamarr māil	مَمَرٌّ مَائِلٌ
Rathaus	dār il-baladīja > 80	دَارُ الْبَلَدِيَّةِ
Raum	makān/ghurfa	مَكانٌ/غُرْفَةٌ
Rechnung	hisāb/fātūra	حِسَابٌ/فَاتُورَةٌ
rechts	jamīn	يَمِينًا
reden	takallama	تَكَلَّمَ
Regierung	hukūma	حُكُومَةٌ
regnen	amtarat is-samā	أَمْطَرَتِ السَّمَاءُ
reich	ghanī	غَنِيٌّ
reinigen	naḏḏafa	نَظَّفَ
Reise	safar/rihla	سَفَرٌ/رِحْلَةٌ
Reiseführer	dalīl sijāhī > 67	دَلِيلٌ سِيَاحِيٌّ
Reisepass	dschawās safar > 24, 116	جَوَازُ سَفَرٍ
reklamieren	tālaba > 40, 70	طَالَبَ
Reservierung	hadschs	حَجْزٌ
Restaurant	mat'am > 38 ff.	مَطْعَمٌ
retten	anqaḏa	أَنْقَذَ
Rezeption	maktab il-istiqbāl > 69 f.	مَكْتَبُ الاِسْتِقْبالِ
Richtung	ittidschāh	اِتِّجَاهٌ

Rollstuhl	kursij mutaharrik	كُرسِيٌّ مُتحَرِّكٌ
Rückkehr	'auda/ijāb	عَوْدَةٌ/إِيَابٌ

S

sagen	qāla	قَالَ
sauber	naḏīf	نَظِيفٌ
Schadenersatz	ta'wīd 'an id-darar	تَعْوِيضٌ عَنِ الضَّرَرِ
Scheck	schīk > 112	شِيكٌ
schenken	ahdā	أَهْدَى
schlafen	nāma	نَامَ
schlecht (adj/adv)	sajj/bi-hāla sajja	سَيِّئٌ/بِحَالَةٍ سَيِّئَةٍ
schließen	aghlaqa	أَغْلَقَ
Schloss (Tür)	qufl	قُفْلٌ
Schlüssel	miftāh > 70, 72, 74	مِفْتَاحٌ
Schmerzen	alam/wadscha'	أَلَمٌ/وَجَعٌ
Schmuck	hali > 65	حَلِيٌّ
schmuggeln	harraba	هَرَّبَ
Schmutz	wasach	وَسَخٌ
schnell (adj/adv)	sarī'/bi-sur'a	سَرِيعٌ/بِسُرْعَةٍ
schreiben	kataba	كَتَبَ
Schreibwarenladen	mahall bai' il-qirtāsīja/maktaba > 67	مَحَلٌّ بَيْعِ الْقِرْطَاسِيَّةِ/مَكْتَبَةٌ
schriftlich	chattī/tahrīrī	خَطِّيٌّ/تَحْرِيرِيٌّ
Schuh	hiḏā > 65 f.	حِذَاءٌ
Schuld	dain	دَيْنٌ
(Vergehen)	ḏanb	ذَنْبٌ
schwanger	hāmil/hublā	حَامِلٌ/حُبْلَى
Schweiz	swīsrā	سْوِيسْرَا
schwer	ṯaqīl/sa'b	ثَقِيلٌ/صَعْبٌ
Schwester	ucht	أُخْتٌ
schwierig	sa'b	صَعْبٌ
See, der~/die ~	buhaira/bahr	بُحَيْرَةٌ/بَحْرٌ
sehen	raā/schāhada	رَأَى/شَاهَدَ
Sehenswürdigkeiten	ma'ālim > 78 ff.	مَعَالِمُ
seit	munḏu	مُنْذُ
selten (adj/adv)	nādir/nādiran	نَادِرٌ/نَادِرًا
Sendung (Radio, TV)	iḏā'a	إِذَاعَةٌ
Sex	dschins	جِنْسٌ
Sicherheit	amān	أَمَانٌ
sie	nom sing hija; pl hum, hunna	هِيَ؛ هُمْ، هُنَّ

Sie	anta (f anti)/antum	أَنْتَ /أَنْتُمْ
Smalltalk	muhādaṯa saghīra > 15 f.	مُحادَثَةٌ صَغيرَةٌ
Sohn	ibn	اِبْنٌ
Sonne	asch-schams	اَلشَّمْسُ
Souvenirs	taḏkārāt > 66	تَذْكَارَات
später	ba'd ḏālik	بَعْدَ ذَلِكَ
Speisekarte	qāimat il-at'ima > 40, 42, 48 ff.	قائِمَةُ الأَطْعِمَةِ
Sport	rijāda > 84 ff.	رِياضَةٌ
Sprache	lugha	لُغَةٌ
sprechen	takallama/tahaddaṯa	تَكَلَّمَ /تَحَدَّثَ
Staat	daula	دَوْلَةٌ
Stadt	madīna	مَدِينَةٌ
stechen (Insekt)	ladagha	لَدَغَ
stehlen	saraqa	سَرَقَ
Stelle (Ort)	makān/mahall	مَكانٌ /مَحَلٌّ
sterben	māta/tuwuffija	مَاتَ /تُوُفِّيَ
Stil	uslūb/tirās	أُسْلوبٌ /طِرازٌ
still adj	sākin/hādi	سَاكِنٌ /هَادِئٌ
adv	bi-hudū	بِهُدُوءٍ
Stockwerk	tābiq/daur	طَابِقٌ /دَوْرٌ
stören	as'adscha	أَزْعَجَ
stornieren	alghā l-hadschs > 32 f.	أَلْغَى الْحَجْزَ
Strafe	'uqūba/dschasā	عُقوبَةٌ /جَزاءٌ
Strand	schāti l-bahr > 84 ff.	شَاطِئُ الْبَحْرِ
Straße	schāri'/tarīq	شَارِعٌ /طَرِيقٌ
studieren	darasa	دَرَسَ
Stuhl	kursī/maq'ad	كُرْسِيٌّ /مَقْعَدٌ
Stunde	sā'a	سَاعَةٌ
suchen	bahaṯa/fattascha ('an)	بَحَثَ /فَتَّشَ (عَنْ)
Süden	al-dschanūb	اَلْجَنُوبُ

T

Tabak	duchān	دُخَانٌ
Tag (Ggs. zu Nacht)	nahār	نَهَارٌ
(24 Stunden)	jaum	يَوْمٌ
Tankstelle	mahattat il-bansīn > 25 f.	مَحَطَّةُ الْبَنْزِينِ
tanzen	raqasa > 82 f.	رَقَصَ
tauschen	istabdala	اِسْتَبْدَلَ
Taxi	taksī/sajjārat udschra > 37	تَاكْسِي /سَيَّارَةُ أُجْرَةٍ

Telefon	hātif/telefōn > 117 f.	هَاتِفٌ/تِلِيفُونْ
Temperatur	daradschat il-harāra	دَرَجَةُ الْحَرَارَةِ
teuer	ghāli	غَالٍ
Theater	masrah > 83 f.	مَسْرَحٌ
tief	'amīq	عَمِيقٌ
Tier	haiawān	حَيَوَانٌ
Tisch	tāwila/māida	طَاوِلَةٌ/مَائِدَةٌ
Tochter	ibna/bint	اِبْنَةٌ/بِنْتٌ
Toilette	mirhād/tuwālēt	مِرْحَاضٌ/تُوَالِيْتْ
tot	majjit	مَيِّتٌ
traurig (adj/adv)	hasīn/fī husn	حَزِينٌ/فِي حُزْنٍ
treffen	laqija/sādafa	لَقِيَ/صَادَفَ
Treppe	daradsch	دَرَجٌ
trinken	schariba	شَرِبَ
Trinkgeld	baqschīsch > 37, 40, 42	بَقْشِيشٌ
Trinkwasser	mā isch-schurb	مَاءُ الشُّرْبِ
tun	fa'ala/'amila	فَعَلَ/عَمِلَ
Tür	bāb	بَابٌ

U

U-Bahn	metrō > 36	مِتْرُو
überfallen	i'tadā ('alā)	اِعْتَدَى (عَلَى)
übernachten	bāta > 8 ff., 68 ff.	بَاتَ
übersetzen	tardschama	تَرْجَمَ
überweisen (Geld)	hawwala	حَوَّلَ
Ufer	sāhil/diffa	سَاحِلٌ/ضِفَّةٌ
Uhr	sā'a > 17 f.	سَاعَةٌ
umsonst (gratis)	madschdschānan	مَجَّانًا
(vergebens)	bi-lā dschadwā	بِلاَ جَدْوَى
umsteigen	baddala l-qitār	بَدَّلَ الْقِطَارَ
umtauschen	baddala > 111 f.	بَدَّلَ
und	wa	وَ
Unfall	hādiṯ > 27	حَادِثٌ
Unglück	musība	مُصِيبَةٌ
ungültig	bātil/mulgha	بَاطِلٌ/مُلْغًى
unmöglich	ghair mumkin	غَيْرُ مُمْكِنٍ
uns	-nā	نَا
unschuldig	barī	بَرِيءٌ
unser, e	-nā/al-chāss bi-nā	نَا/الْخَاصُّ بِنَا

Unterhaltung (Vergnügen)	taslīja > 83 f.	تَسْلِيَةٌ
Unterkunft	mansil/maskan	مَنْزِلٌ/مَسْكَنٌ
Unterschied	farq	فَرْقٌ
Unterschrift	tauqī'/imdā > 112	تَوْقِيعٌ/إِمْضَاءٌ
Urlaub	'utla/idschāsa	عُطْلَةٌ/إِجَازَةٌ

V

Vater	ab/wālid	أَبٌ/وَالِدٌ
Verabredung	mau'id > 16 f.	مَوْعِدٌ
Veranstaltung	hafl/hafla > 84	حَفْلٌ/حَفْلَةٌ
verbieten	mana'a	مَنَعَ
verboten!	mamnū'	مَمْنُوعٌ
verdienen	rabiha/istahaqqa	رَبِحَ/اِسْتَحَقَّ
verdorben (faul)	fāsid/tālif	فَاسِدٌ/تَالِفٌ
vergessen	nasija	نَسِيَ
Vergewaltigung	ightisāb > 116	اِغْتِصَابٌ
Vergiftung	tasammum > 116	تَسَمُّمٌ
Vergnügen	taslīja/lahw > 83 f.	تَسْلِيَةٌ/لَهْوٌ
verheiratet	mutasauwidsch > 24	مُتَزَوِّجٌ
verirren, s. ~	tāha/dalla	تَاهَ/ضَلَّ
Verkehr	sair	سَيْرٌ
verlängern	maddada/atāla	مَدَّدَ/أَطَالَ
verlieren	faqada > 114	فَقَدَ
verloben, s. ~	chataba	خَطَبَ
Verlust	fuqdān	فُقْدَانٌ
vermieten	adschdschara	أَجَّرَ
Versprechen	wa'd	وَعْدٌ
verständigen, jdn ~	achbara	أَخْبَرَ
verstehen	fahima	فَهِمَ
verwandt	qarīb li	قَرِيبٌ لِ
viel	katīr	كَثِيرٌ/كَثِيرًا
vielleicht	rubbama/min il-mumkin	رُبَّمَا/مِنَ الْمُمْكِنِ
Visum	taschīra > 24	تَأْشِيرَةٌ
Voranmeldung	mau'id sābiq	مَوْعِدٌ سَابِقٌ
Vorname	al-ism > 24	اَلاِسْمُ
Vorsicht!	intabih	اِنْتَبِهْ!

W

Währung	'umla > 112	عُمْلَة
warm	dāfi	دَافِئٌ
warten	intaḏara	اِنْتَظَرَ
waschen	ghasala	غَسَلَ
Wasser	mā	مَاءٌ
wechseln (Geld)	sarrafa/hawwala > 111	صَرَّفَ/حَوَّلَ
wecken	aiqaḏa	أَيْقَظَ
Weg	tarīq	طَرِيقٌ
weiblich	unṯawī/nisāī	أُنْثَوِيٌّ/نِسَائِيٌّ
weit (entfernt)	ba'īd	بَعِيدٌ
Welt	al-'ālam	اَلْعَالَمُ
Werkstatt	warschat it-taslīh > 26 f., 31	وَرْشَة التَّصْلِيح
werktags	fī ajjām il-'amal	فِي أَيَّام الْعَمَلِ
Wert	qīma/ṯaman	قِيمَةٌ/ثَمَنٌ
Westen	al-gharb	اَلْغَرْبُ
Wetter	taqs > 20 f.	طَقْسٌ
wichtig	muhimm/hāmm	مُهِمٌّ/هَامٌّ
wiegen	wasana	وَزَنَ
Woche	usbū' > 19	أُسْبُوعٌ
wohnen	sakana	سَكَنَ
Wohnort, Wohnsitz	mahall il-iqāma > 24	مَحَلّ الإِقَامَة
wollen	arāda	أَرَادَ
(wünschen)	raghiba/arāda	رَغِبَ/أَرَادَ
Wurst	sudschuq	سُجُقٌ

Z

Zahl	'adad > Umschlagklappe	عَدَدٌ
zahlen	dafa'a/saddada	دَفَعَ/سَدَّدَ
Zahnarzt	tabīb asnān > 105 ff.	طَبِيبُ أَسْنَانٍ
zeigen	arā	أَرَى
Zeit	waqt/saman > 17 ff.	وَقْتٌ/زَمَنٌ
Zeitschrift	madschalla > 67	مَجَلَّة
Zentrum	markas	مَرْكَزٌ
Zeuge	schāhid	شَاهِدٌ
Ziel (Reise~)	wudschhat is-safar	وُجْهَة السَّفَرِ
Zimmer	ghurfa > 8 ff., 68 ff.	غُرْفَة
Zoll	dschumruk > 24	جُمْرُكٌ
Zug	qitār > 33 ff.	قِطَارٌ

> BLOSS NICHT!

So vermeiden Sie Fettnäpfe

Insider Tipps

Kondome in der Minibar

Ärgerlich, dass der Kühlschrank in Ihrem Hotelzimmer nicht funktioniert. Leider fehlt Ihnen das arabische Wort für „kaputt". Also sagen Sie's auf Deutsch, das Wörtchen wird doch sowieso überall verstanden. Pustekuchen! Statt kalter Getränke gibt's jetzt eisige Blicke: „kaput" bedeutet auf Arabisch Kondom.

Foul beim Feilschen

Feilschen macht Laune. Nicht kaufen macht schlechte Laune – beim Händler. Denn wer lang verhandelt und dann kneift, hat sich basartechnisch völlig daneben benommen. Merke: Wenn Sie zu feilschen beginnen, sollten Sie das Souvenir auch mitnehmen wollen. Alles andere ist ein böses Foul.

Notbremse beim Essen

Eigentlich sind Sie schon längst satt, aber Ihr Teller wird immer wieder aufgefüllt. Also futtern Sie, höflich wie Sie sind, immer weiter. Und Ihre Gastgeber, ebenso höflich, legen immer wieder nach. Und wenn sie nicht gestorben sind ... dann haben Sie irgendwann Stopp gesagt: Leere Teller sind tabu – also müssen Sie als Gast die kulinarische Notbremse ziehen.

Ein Blick zu viel

Blicke können ganz schön unhöflich sein. Arabischen Frauen zum Beispiel schaut man(n) nie direkt ins Gesicht, das gilt als aufdringlich – womit wir bei ganz finsteren Mienen wären. Mit denen müssen Sie bei allzu direktem Augenkontakt rechnen.

Kein Bierchen, bitte!

Die Promillegrenze in arabischen Ländern ist schnell ermittelt: Null. Null ist zudem die Menge an Alkohol, die Sie trinken können, wenn keiner der Einheimischen am Tisch trinkt. Andere Araber wiederum haben null Probleme mit einem Feierabendbier – und dann können auch Sie sich einen Schluck genehmigen.

Neugierig? Geschenkt!

Wer packt nicht gerne Geschenke aus? Die Araber! Zumindest dann, wenn der Schenkende dabei ist. Wer's trotzdem nicht erwarten kann, bringt alle Beteiligten in Verlegenheit. Das Gute daran: Man bedankt sich herzlich – und muss selbst beim kitschigsten Mitbringsel keine Freude vortäuschen.